草原民俗风情漫话

漫话草原上的佛教传播与召庙建筑

田宏利／编著

内蒙古人民出版社

图书在版编目(CIP)数据

漫话草原上的佛教传播与召庙建筑/田宏利编著.-呼和浩特:内蒙古人民出版社,2017.12

(草原民俗风情漫话)

ISBN 978-7-204-15231-5

Ⅰ.①漫… Ⅱ.①田… Ⅲ.①蒙古族-佛教史-介绍-中国②喇嘛宗-宗教建筑-介绍-中国 Ⅳ.①B949.2②TU-098.3

中国版本图书馆 CIP 数据核字(2018)第 005358 号

漫话草原上的佛教传播与召庙建筑

编　　著　田宏利
责任编辑　王　静
责任校对　李向东
责任印制　王丽燕
出版发行　内蒙古人民出版社
地　　址　呼和浩特市新城区中山东路 8 号波士名人国际 B 座 5 楼
网　　址　http://www.nmgrmcbs.com
印　　刷　内蒙古恩科赛美好印刷有限公司
开　　本　880mm×1092mm　1/24
印　　张　8.75
字　　数　200 千
版　　次　2019 年 1 月第 1 版
印　　次　2019 年 1 月第 1 次印刷
书　　号　ISBN 978-7-204-15231-5
定　　价　36.00 元

如发现印装质量问题,请与我社联系。联系电话:(0471)3946120

编委会成员

图片提供单位：

格日勒阿媽

鄂尔多斯 温暖全世界

摄影作者名单：（排名不分先后）

袁双进　谢　澎　刘忠谦　甄宝强　梁生荣
王彦琴　马日平　贾成钰　李京伟　奥静波
明干宝　王忠明　乔　伟　吉　雅　杨文致
段忆河　陈京勇　刘嘉埔　张万军　高东厚
郝常明　武　瑞　张正国　达　来　温　源
杨廷华　郝亮舍　刘博伦　王越凯　朝　鲁
吴剑品　巴特尔　汤世光　孟瑞林　巴雅斯
仇小超　陈文俊　张贵斌　王玉科　毛　瑞
李志刚　黄云峰　何怀东　吴佳正　黄门克
武文杰　额　登　田宏利　张振北　吉日木图
呼木吉勒　乌云牧仁　额定敖其尔　敖特根毕力格
吉拉哈达赖

手绘插画：尚泽青

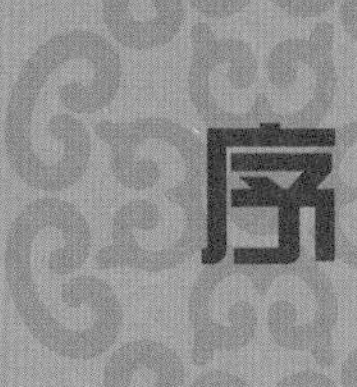

北方草原文化是人类历史上最古老的生态文化之一，在中国北方辽阔的蒙古高原上，勤劳勇敢的蒙古族人世代繁衍生息。他们生活在这片对苍天、火神、雄鹰、骏马有着强烈崇拜的草原上，生活在这片充满着刚健质朴精神的热土上，培育出矫捷强悍、自由豪放、热情好客、勤劳朴实、宽容厚道的民风民俗，创造了绵延千年的游牧文明和光辉灿烂的草原文化。

当回归成为生活理想、追求绿色成为生活时尚的时候，与大自然始终保持亲切和谐的草原游牧文化，重新进入了人们的视野，引起更多人的关注和重视。

为顺应国家提倡的“一带一路”经济建设思路和自治区“打造祖国北疆亮丽风景线”的文化发展推进理念，满足广大读者的阅读需求，内蒙古人民出版社策划出版《草原民俗风情漫话》系列丛书，委托编者承担丛书的选编工作。

依据选编方案，从浩如烟海的文字资料中，编者经过认真而细致的筛选和整理，选编完成了关于蒙古族民俗民风的系列丛书，将对草原历史文化知识以及草原民俗风情给予概括和介绍。这套丛书共 10 册，分别是《漫话蒙古包》《漫话草原羊》《漫话蒙古奶茶》《漫话草原骆驼》《漫话蒙古马》《漫话草原上的酒》《漫话蒙古袍》《漫话蒙古族男儿三艺与狩猎文化》《漫话蒙古族节日与祭祀》《漫话草原上的佛教传播与召庙建筑》。

丛书对大量文字资料作了统筹和专题设计，意在使丰富多彩的民风民俗跃然纸上，并且向历史纵深延伸，从而让读者既明了民风民俗多姿多彩的表现形式，也能知晓它的由来和在历史进程中的发展。同时，力求使丛书不再停留在泛泛的文字资料的推砌上，而是形成比较系统的知识，使所要表达的内容得到形象的展播和充分的张扬。丛书在语言上，尽可能多地保留了选用史料的原创性，使读者通过具有时代特点的文字去想象和品读蒙古族民风民俗的“原汁原味”，感受回味无穷的乐趣。丛书还链接了一些故事或传说，选登了大量的民族歌谣、唱词，使丛书在叙述上更加多样新颖，灵动而又富于韵律，令人着迷。

这套丛书，编者在图片的选用上也想做到有所出新，选用珍贵的史料图片和当代摄影家的摄影力作，以期给丛书增添靓丽风采和厚重的历史感。图以说文，文以点图，图文并茂，相得益彰。努力使这套丛书更加精美悦目，引人入胜，百看不厌。

卷帙浩繁的史料，是丛书得以成书的坚实可靠的基础。但由于编者的编选水平和把控能力有限，丛书中难免会有一些不尽如人意的地方，敬请读者诸君批评指正。

编　者

2018 年 4 月

目录 contents

01 走进草原的上师

黄教在传播过程中，十分注意同蒙古社会实际、民间风俗习惯相结合，并吸收了蒙古族萨满教信仰中祭祀天地、祖先的一些传统仪式，形成了独具特色的蒙古族喇嘛教。

“纵观历史，喇嘛教跟蒙古地区很早就已经结缘了。早在卡庇尼的后辈鲁布鲁克抵达蒙古地区的时候，就在哈剌和林见到了大规模的喇嘛庙。鲁布鲁克是受到法王路易九世的鼓动，才拼了老命到蒙古地区来。路易九世希望鲁布鲁克能充当他的私人密使，

但是，他本人好像比较关心被蒙古人掳去的一批德国人。他希望鲁布鲁克的万里远行，能够鼓舞这批俘虏有活下去的勇气。有个方济各会的修道士跟他同行，名字叫作克雷莫纳的巴托罗缪。我们对这位修道士所知不多，只知道他一路都在抱怨肚子饿，从来没有这么久没吃过像样的东西。但是，到了可以回家的时候，巴托罗缪竟然惮于回到欧洲的长途跋涉，宁愿在哈剌和林终老，也不愿意再次忍受披星戴月、风餐露宿的辛苦。”（提姆·谢韦伦［英］：《寻找成吉思汗》）

喇嘛：藏语，意为“上师”，是人们对藏传佛教僧侣的尊称，喇嘛教即藏传佛教。

佛教于公元前 6—5 世纪由古印度释迦牟尼创立，东汉末年传入中原，进而传向全国，大约 7 世纪传入西藏。蒙古族在历史上起初信奉萨满教，其教义认为万物有灵，崇拜动物图腾、自然现象和祖先。13 世纪中叶，蒙元帝国将西藏纳入版图后，喇嘛教开始传入蒙古地区，不过，当时的藏传佛教，仅在宫廷里的贵族中间产生了一定的影响，并未在民间广泛传播。北元时期，由于明王朝对蒙古各部的防范和遏制，蒙古地区与西藏之间的联系基本中断。

黄教：15 世纪初，西藏高僧宗喀巴（1357—1419 年）进行宗教改革，创立了格鲁派，因该派喇嘛戴黄帽穿黄衣而俗称黄教。

“蒙古敬信黄教，实始于俺答”（《圣武记》）。

俺答：即阿拉坦汗（1507—1582 年），系成吉思汗第 17 世孙，明代蒙古中兴之主达延汗之孙，13 岁时受封土默特部，以后又成为蒙古右翼三个万户的实际首领。阿拉坦汗在位期间，通过四次西征，将蒙古势力扩大到青海地区，阿拉坦汗在征战的过程中，曾频繁地接触黄教，被其教义所倾倒。为借助西藏宗教领袖的神力支持，加强在蒙古诸部中的号召力，1574 年（明万历二年）阿拉担汗在青海湖东南岸修建了恰布恰召（明廷赐名迎华寺），这是蒙古人在历史上建的第一座黄教寺庙。

1578 年 5 月，阿拉坦汗同西藏黄教领袖索南嘉措（1543—1588 年）在迎华寺会见，双方互赠封号，索南嘉措始称达赖三世。接着举行了

数万人参加的盛大法会，宣布了《十善福法规》，内容包括禁止萨满教，皈依黄教，取消殉葬制度，优待喇嘛，兴建寺庙，翻译经典，颁行戒律等。从此，蒙藏双方开始结成政治与宗教的联盟。

1584年，达赖三世来到鄂尔多斯、土默特等部广泛讲经说法，举行各种佛事活动，极力推动佛教在蒙古地区的影响；1588年，达赖三世圆寂，临终前遗言指认阿拉坦汗的曾孙为转世灵童，法名云丹嘉措（1589—1616年），这是达赖活佛转世系统中唯一的一位蒙古族活佛，这次活佛的认定，极大地促进了黄教在蒙古地区的传播。

黄教之所以能够为广大蒙古民众接受，还有着深刻的历史和社会原因。当时的蒙古社会久经战乱，普通民众生活贫穷，各种矛盾冲突加剧。而萨满教不但没有能力调节这些问题，还对汗权进行干涉，其殉葬、血祭等一些落后的习俗也引起民众强烈不满。黄教教义却提出只要弃恶行善，慈悲宽恕，就能取得来世幸福，同时提倡众生平等，人人皆可得道成佛，这不仅受到统治者的欢迎，同时也为普通民众宗教信仰大开方便之门。黄教喇嘛传教时多实行“苦行”，被称为“苦行僧”。他们还常以行医者身份出现，免费看病送药，这在很大程度上赢得了普通民众的好感和认同。

黄教在传播过程中，十分注意同蒙古社会实际、民间风俗习惯相结合，并吸收了蒙古族萨满教信仰中祭祀天地、祖先的一些传统仪式，形成了独具特色的蒙古族喇嘛教。到明朝末年，蒙古族已基本上改变了原来的萨满信仰，黄教已经成为全民信奉的宗教。

1934年《归绥县志》载：“蒙人自王公迄民庶，无不尊奉喇嘛教”，“蒙古世家巨族，所居宫室板升屋数间，西有佛堂，与板升屋齐；贫者但居一蒙古包而已，西隅陈设小几供铜佛小像”。明末担任北部边防要职多年的萧大享，曾在《夷俗记》中这样描写蒙古崇尚佛教的情况：“其幕中居恒祀一佛像，饮食必祭，出入必拜。富者每特庙祀之，请僧诵经，捧香瞻拜，无日不然也。所得市银，皆以铸佛、铸浮屠”。

“晨昏三叩首，早晚一炉香”这句民谚，形象地反映了蒙古族民众对佛祖虔诚祭拜的情景，说明了当时喇嘛教已深入蒙古族上至王公贵族，下至普通民众的精神生活之中。

02

中原佛教的告天人

对于蒙古人来说，改变其固有的萨满信仰，以及后来其全民族变成为藏传佛教的忠实信仰者，这和他们在对外扩张过程中，频频与中原及西藏地区佛教僧众的接触，是有直接联系的。

“鲁布鲁克在哈剌和林可没闲着，他经常在喇嘛庙里逛来逛去，还进到萨满教巫师的帐篷；他不时语出讽刺，率言质疑喇嘛的宗教信仰。喇嘛通常谨守慎言的戒律，不理会他的问题，让他格外恼火。鲁布鲁克的记载使欧洲人第一次真正了解‘佛教’这

个宗教，而且是他的亲身观察，绝非道听途说。'这些僧侣……'他在呈给路易九世的报告中说：……六根清净，头发、胡须剃个精光，身披橘黄色的袈裟。头如果刚刚剃过，更是光可鉴人。他们群居在一起，动辄一两百人，在喇嘛庙里生活。进到庙里，每人一个板凳，面对面坐着，梵音合唱，经典始终托在手掌，只偶尔放在板凳上……他们随身带着一两串念珠，就跟我们的玫瑰经念珠一般，嘴里念着佛教箴言：'嘛吧'，意思是'只有神知道'。"（提姆·谢韦伦［英］）：《寻找成吉思汗》）

刘秉忠（1216年—1274年）元代著名政治家、文学家，元上都和元大都的设计者。

12—13世纪，蒙古人一跃而成为中世纪最有势力的民族。蒙古人面对许多外族的文化，以及各个民族之间新奇而不同的生活方式，逐渐由爱慕转为接纳，对于他族的宗教，自然也不例外。

对于蒙古人来说，改变其固有的萨满信仰，以及后来其全民族变成为藏传佛教的忠实信仰者，这和他们在对外扩张过程中，频频与中原及西藏地区佛教僧众的接触，是有直接联系的。

《元史·释老传》中说道："元起朔方，固已崇尚释教"。另据元代汉文文献记载，早在元朝建立之前，已有佛教徒在蒙古汗廷中活动的记载。在成吉思汗时期，与蒙古汗室的关系最为密切的，当属汉地佛僧海云法师。据元人念常所著《佛祖历代通载》：海云法师是唐代临济义禅师所创临济宗支派的第十六世法座，生于金泰和二年（1202年），卒于蒙古宪宗七年（1257年），他青年时是中观禅师的弟子，时人称他为临济中兴名匠。元代著名政治家刘秉忠就是他的弟子。海云的一生的活动都与蒙古人有着密切的关系。

1214年，海云十三岁，当时正是成吉思汗伐金的第三年。蒙

木华黎哈日苏勒德

古军攻陷宁远（今山西五寨县北），海云曾于“稠人中亲面圣颜”。后世的学者认为这是海云等人亲自晋谒了成吉思汗。但是这个说法似乎不很准确，因为当时南进的蒙古右军统帅是术赤、察合台和窝阔台。故念常所谓的“亲面圣颜”，觐见的应该是窝阔台。

五年后，即1219年，蒙古大将木华黎奉成吉思汗之命，攻取岚城（今山西岚县），在战乱中海云与其师中观遇到了史天泽、李守忠等蒙古军的汉族将领，并结为“金石之友”，同时由他们举荐，见到了当时在华北的蒙古军统帅“太师国王”木华黎。这位国王对中观与海云师徒都有好感。

不过，此时的成吉思汗已经不在华北战场，三年前就已经回到蒙古的斡儿朵了（宫帐），但是经过木华黎的推荐，成吉思汗不仅知道了海云及其师中观的业绩，并且还赐给他们以“告天人”的称呼。当时成吉思汗给木华黎的圣旨中说：“你使人来说的老长老、小长老实是告天的人，好与衣粮养活者，教做头儿。那般人在意告天，不拣阿谁，休欺负。交达尔罕行者”。成吉思汗将海云等人视为无异于蒙古族固有的萨满教的头人“贴卜·腾格里”（告天人），并指派他们掌管中原之事。

1219年，成吉思汗在西征途中传诏，命海云及其师中观师徒属地的僧人，免其差役。同年，海云等僧众从木华黎处得到汉式法号“寂照英悟大师”和一切的恩赐与礼遇 。

成吉思汗以后，海云法师个人的活动以及中原地区的佛教，不断得到蒙古汗室的重视和保护。海云于 1231 年得到蒙古可汗窝阔台的宣赐。另外，窝阔台在即位之初下诏，对中原地区的佛教僧侣全部优免赋役。这是一件值得注意的事，因为自金朝末年以来，中原佛教势力屡受惨重打击，其特权早已所剩无几，地位远逊于儒士。窝阔台时期所颁布的关于僧侣和道士同享免差之诏旨，对中原地区佛教而言，不仅提高了他们的地位，而更重要的是他们得到了蒙古汗室的法律性保护，即时间稍后的元代八思巴文官方文书。这些文书的大部分都一开头就提到了“成吉思汗、窝阔台皇帝圣旨里说道：和尚们、也里可温（基督教徒）们、先生们、答什蛮（伊斯兰教徒）们不承担任何差发，祷告上天保佑”之类的话。由此看来，成吉思汗、窝阔台都曾蠲免过僧、道和基督教士们的差役征发义务。

1237年，海云法师从成吉思汗第二斡儿朵的皇后（据说是忽兰夫人）那里得到“光天镇国士”的法号。在海云法师的一生中，他所做的最有意义的、并且对后来佛教传播的历史有着重要影响的事情，就是他在忽必烈帐下谈佛论道一事。1242年，忽必烈召海云至漠北。海云向忽必烈讲述佛道时，忽必烈提出在佛法中有无治国之道的问题。海云的答复是“世道既是佛道”，意即信奉佛法与采用封建统治方式原来是一回事。当然，海云法师是从政治立场上说明信奉佛法的必要。这对正在励精图治的青年王子忽必烈来说，实在是有极大的用处。 海云与忽必烈的谈佛论道，不仅为当时中原地区的佛教赢得了忽必烈的同情与支持，而且还成功地在这位未来的大汗心中，留下了佛教教义的种子，成为他后来接受西藏萨迦派教义的重要原因。

元代赵孟頫绘《红衣罗汉图》

13 世纪上半期海云法师在蒙古汗廷里可以说是备受宠遇的人物。贵由汗即位后，海云于定宗二年（1247 年）应太子哈剌齐之请，入和林延居太平兴国禅寺。贵由汗曾“颁诏命师统僧，赐白金万两”（《历代佛祖通载》卷二十一）。1251 年，蒙哥汗即位，又命他“领天下僧事”（《元史·宪宗本纪》）。这样，海云从成吉思汗时期开始，经窝阔台、贵由、蒙哥等蒙古大汗以及时为“皇弟”忽必烈等人奉为当时“天下禅宗之首”（《海云印简和尚塔碑》）。海云法师在当时，可以说是一个与蒙古汗室来往密切，并主管蒙古汗廷佛教事务的代表人物了。

除了海云之外，原在金代极盛名的禅宗五家之一的曹洞宗僧侣万松行秀（1166—1246 年）的弟子雪和庭福裕（1203—1275 年），曾受贵由汗之命，居漠北和林兴国寺。蒙哥汗时期在和林大建佛寺，以福裕主其事。忽必烈即位后，福裕的地位有显赫的变化，“命总教门事”（《道园学古录》卷八《崇山少林寺裕和尚碑》）。由此可见，13 世纪上半叶，在蒙古帝国的汗廷中，汉地佛教中的临济宗和曹洞宗势力最为强盛，海云法师和万松行秀及其弟子们的地位很高，彼此之间的关系十分密切。

03 藏传佛教入汗廷

公元1244年，皇子阔端向西藏萨迦派的首领萨迦·班智达发出了邀请信。不过，与其说是一份邀请信，还不如说是一道最后通牒。

藏传佛教传入蒙古地区，一般认为应肇端于成吉思汗第三子窝阔台继位蒙古大汗时期。藏传佛教传入蒙古，在一定程度上是蒙古对西藏的军事占领的结果。1235年窝阔台汗的第三子、被西藏史家误为“可汗”的阔端（1206—1251年）奉命征伐秦（今甘肃天水）、巩（今甘肃陇西县）南下，其后连年转战于陕西、四

川。从 1239 年开始兵锋转指西藏。据藏文史籍记载，1236 年，阔端派他的将军多尔达·达尔罕带领一支蒙古军队攻入西藏中部，烧毁了在拉萨东北的热振寺，焚毁了杰拉康寺。后来这支蒙古军队在拉萨平原驻留约两年，直到 1241 年才回到蒙古。

当时西藏地区正是后弘期佛教势力上升时期。据五世达赖所著《西藏王臣记》记载，多尔达·达尔罕从西藏向阔端写信报告西藏教派势力情况时说：“在边地西藏，僧伽团体以甘丹（噶当）派为大；善顾情面以达隆法王为智；荣誉德望以枳空、敬安大师为尊；通晓佛法以萨伽·班智达为精”。多尔达·达尔罕在信中所述的情况，符合当时西藏的实际。特别是当时的萨迦派，虽然其寺院僧人不如噶当派多，但是，这一教派的教主萨迦·班智达在西藏地区颇有声望，并且萨迦派以其教主的显赫家族而闻名西藏地区。追溯其源，该派的教主一直是以昆氏家族来担任，据说是吐蕃王朝以前的一个老贵族。曾在 8 世纪吐蕃赞普墀松德赞时期，昆氏家族的人做过囊论（内相）。然而萨迦派之真正形成一个宗派，发端于衮乔杰波（1034—1102 年）时期。他于 1073 年

在萨迦地方建立了萨迦寺，从此，该派即由此寺得名，逐渐形成了萨迦派。这一派一直以萨迦寺为其主寺，也一直以“道果教授”为其主要密法传承。

衮乔杰波卒后，其子衮噶宁布（1092—1158 年）任萨迦寺主持，藏文史料称他为“萨钦”，意为萨迦寺的大师，他是藏人所称萨迦五祖中的第一祖。多尔达·达尔罕报告中所说的“通晓佛法为精”的萨迦·班智达就是他的孙子。萨迦·班智达，其法名为衮噶坚赞（1185—1251 年）。当蒙古人在西藏出现的时候，他是萨迦寺的住持。藏文史料说，在西藏喇嘛中，唯独他在宗教常识上最为卓越，他精通梵文，年轻时师从客什米尔著名班智达释迦师利跋陀罗处求教，并受戒，从而遍晓五明学，著述很多，其中《萨迦格言》早在元代即被译成蒙古文，对后来的蒙古文学有很大的影响。1241 年，蒙古窝阔台汗逝世，多尔达·达尔罕奉命撤回至当时阔端营帐所在地的凉州（今甘肃武威市），因此，征服西藏的计划暂时被搁置下来。直到 1244 年，阔端又派多尔达·达尔罕第二次入藏，不过，这次没有像前次那样运用武力，而是带着阔端给萨迦·班智达的书信和礼物，邀请他到凉州与阔端见面。

从当时蒙古汗廷所信仰的宗教而言，蒙古可汗们虽然都对其他宗教（如南来的汉地佛教、西来的景教等）采取宽容的态度，但他们主要的信仰仍然是固有的萨满教，蒙古人当时还没有飞跃到笃信佛教的地步。此外，蒙古汗族中信仰景教的人也颇多，尤其是当时摄理国事的脱列哥那夫人（阔端之母）就是一个景教徒。多尔达·达尔罕在给阔端的报告中建议阔端选择西藏各教派中的一个人作为代表人物而迎请到蒙古。从当时西藏各教派首领来看，唯独萨迦派的宗教和经济权力，从一开头就由昆氏家族独家掌握并在这一家族内部传袭，这一点与蒙古汗廷的"黄金家族"一样。这就为蒙古统治者提供了利用显赫家族的首领来达到统治他族的目的，蒙古人对此并不陌生。所以，从当时的西藏社会状况出发，阔端从中选择萨迦派的首领而不选择其他教派的首领去办理西藏归顺的事宜，是合情合理的。

1244年，皇子阔端向西藏萨迦派的首领萨迦·班智达发出了邀请信。不过，与其说是一份邀请信，还不如说是一道最后通牒。因为信中明确指出："倘若萨迦·班智达拒不应召前来，就派遣大军前去追究"。说实在的，阔端之召请萨迦·班智达，并不表明他对藏传佛教产生了什么信仰，而其主要的目的在于通过萨迦派的首领，让他代表西藏各地方势力与自己谈判西藏归顺蒙古的

元代壁画景教布道图

问题。但是除了这个主要目的以外，也还有宗教上的原因，也就是阔端确实是想使萨迦·班智达在凉州一带起到佛教领袖的作用，发展佛教来帮助自己统治原来的西夏故地。因为阔端与萨迦·班智达的谈判结束后，萨迦·班智达留在蒙古的原因主要在于发展佛教。蒙古统治者通过萨迦·班智达征服西藏的这一目的，在其会见阔端后给西藏各地僧侣领主的公开信，即著名的《萨迦·班智达至蕃人的书》中尤为清楚。萨迦·班智达在这封信中，教谕当地僧侣和领主们投降纳款，因为，抵抗蒙古军队是徒劳无用，无论如何，都以从速归顺蒙古为上策。果然，通过阔端与萨迦·班智达的会谈以及萨迦·班智达的这封信，确定了西藏变为蒙古汗国的属地而归顺了蒙古。在这之后，阔端邀请萨迦·班智达前来他的宫帐说经，并皈依佛教，进而忽必烈也受到影响，改宗藏传佛教，使蒙古与西藏在宗教上融为一体。

1244 年，六十三岁的萨迦·班智达接到阔端的邀请信，带着他的两个侄子，十岁的八思巴和六岁的恰那多吉，由萨迦寺动身，经拉萨前往阔端的宫帐所在地凉州。萨迦·班智达到拉萨以后，让他的两个侄子先去了凉州。据蒙古人松巴堪布所著《如意宝树》

所记，八思巴和恰那多吉兄弟二人是在1245年先到达凉州的，他们的伯父萨迦·班智达最后在1246年即藏历火马年八月到达凉州。萨迦·班智达到达凉州后未能立即见到阔端，因为当时阔端去和林参加贵由汗即位大典而未在凉州，直到第二年年初，才回到凉州与萨迦·班智达会见。据西藏方面的史料记载，阔端与萨迦·班智达会见后，阔端甚喜，谈论了很多教法和地方民俗民情。

唐卡中的达垄寺首任堪布扎希贝

《萨迦世系史》记载，萨迦·班智达到达凉州之前，阔端的身边已有了一些藏族僧人，但是由于他们对佛教的知识未能精通，因此，在举行祈愿法会时，由也里可温（基督教徒）和蒙古的萨满（萨满教中的男巫）坐在僧众的上首。由此可以推想，在萨迦·班智达来到以前，就已经有西藏的佛僧在阔端的宫帐中有所活动，甚至阔端本人对他们也比较器重。自从萨迦·班智达来到阔端的宫帐后，“阔端和法王谈论了许多教法，在原先黎域（今甘肃裕固县）诸大德向阔端介绍佛教的基础上，使阔端明了佛教之教义。因此，阔端十分高兴，下令今后也里可温和萨满不能坐在上首，祈愿时首先由佛教僧人祈愿。由此在蒙古地方佛教出家僧人之地位受到重视。”从此萨迦·班智达成为阔端的上师，并留在蒙古地方“弘扬佛法”。这是蒙古与西藏萨迦派最早建立的关系。

04

汗廷国师八思巴

元朝自八思巴起，萨迦昆氏家族及其亲信门徒，先后有十四人相继为帝师。

阔端对西藏萨迦僧人的优宠，引起了曾经从汉地佛教僧人处接受过佛教思想，并早已崇信佛教的忽必烈的极大兴趣。据西藏资料《红史》《汉藏史集》记载：公元1251年夏，忽必烈驻军六盘山（在今甘肃省东部）之时，曾派人到凉州迎请萨迦·班智达，当时“萨迦·班智达因年老未去”。于是，由八思巴在凉州的王

子蒙可都的陪同下，在汉地六盘山会见忽必烈。忽必烈十分喜欢年轻而聪慧的八思巴，于是，忽必烈赠给蒙可都一百名蒙古骑兵，将八思巴留下来，与八思巴结为施主与福田，尊八思巴为上师。就这样，忽必烈第一次接触西藏萨迦派僧人，并正式拜萨迦派僧人为师。看来，在某种程度上，忽必烈是用了一百名骑兵的代价换取了对萨迦派的领有权。就在这一年萨迦·班智达病重，八思巴离开忽必烈返回凉州。十一月十四日萨迦·班智达在凉州逝世。根据萨迦·班智达的临终遗嘱，八思巴继承了萨迦·班智达的衣钵及法器，成为萨迦派的第五祖。

1252年，忽必烈奉蒙哥汗之命远征大理，第二年接受蒙哥汗之召，回师北还。此时八思巴依照萨迦·班智达的遗言，“从伍由巴大师受比丘戒（即和尚），听受以前未学之教法，因而前往

元代壁画忽必烈会见八思巴

朵甘思（今西藏昌都一带）。”

八思巴在朵甘思获悉伍由巴大师去世的消息，遂返回西藏，途中与忽必烈会合，“驻在汉蒙交界之处大河旁边的一个名叫忒剌的地方”。

八思巴与忽必烈的第二次会见，对他们之间的关系以及此后西藏的政局有着重要的意义。据藏文、蒙古文献有关八思巴的资料记载，忽必烈这次会见八思巴以后，过去曾询问别人而未能解决的许多疑难问题，均得到了详细解答，因此忽必烈十分欢喜。在这一基础上，忽必烈在察必皇后的影响下，接受了八思巴的灌顶，从此，萨迦派的金刚乘教法在蒙古地区开始传播。此后，八思巴一直跟随忽必烈。为了使忽必烈与八思巴所建立的宗教关系和政治关系更加稳固地确定下来，忽必烈于阳木虎年，即1254

年仲夏，正式赐给八思巴一道诏书。这就是萨迦派史籍及蒙古文佛教文献中经常称道的《优礼僧人诏书》（亦称《藏文诏书》）。

诏书中除了表明忽必烈及其夫人察必都接受灌顶、皈依佛法，并尊礼上师八思巴外，还对萨迦派僧人及其寺院作了不受侵害之保证。诏书中还明确谈到了“汝等僧人已免除兵、差、税、役”等而外，忽必烈还公开表明“汝等的施主由我任之”。八思巴和萨迦派的僧人对这份诏书十分珍视，收录在《萨迦世系史》中，诏书前后都附有赞颂诗，并大多为八思巴亲自题写。据说，时至今日，西藏萨迦寺的僧人还能流利地背诵这份诏书。可见忽必烈的这道诏书对当时的萨迦派人来说有多么的重要。

八思巴在追随忽必烈时期，在蒙古汗廷中声誉日渐提高，特

元代名碑《尊经阁记》拓本

别是当他奉蒙哥汗之命，于1258年在忽必烈的主持下，在上都（今内蒙古正蓝旗东）参加了佛教和道教的一次辩论会（史称“佛道之争”）。在这次辩论会上，最为有力的证言就是出自八思巴之口，最终迫使道家屈服。通过这次辩论，不仅增加了这位年仅二十三岁的八思巴个人的荣誉和忽必烈对他的信任，更为重要的是为他能在忽必烈即位以后取得更大的发展，打下了良好的基础。

1260年，忽必烈即蒙古大汗位，八思巴立即受到封赏。忽必烈授封八思巴为国师，授玉印，任中原法主，统天下教门。这样，忽必烈正式确立了藏传佛教为国教，以西藏僧人为统领。忽必烈确立的这一政策一直延续到元末。

1264年，忽必烈迁都于大都（今北京市），改元为“至元”，设置了管理全国佛教事务的专门机构总制院（后改为宣政院），由八思巴领院使。是年，忽必烈又赐给八思巴一道诏书，此诏书在藏文、蒙古文献中以《珍珠诏书》著称。这道诏书与十年前忽必烈当太子时赐给八思巴的《优礼僧人诏书》不同。十年前的诏书是忽必烈以蒙古汗国王子的身份对萨迦喇嘛们所下达，而《珍珠诏书》则是忽必烈以元朝大汗的身份对西藏地区各教派所下达。《珍珠诏书》的主要内容有：治理世道要依成吉思汗的法规，执行佛法要依释迦牟尼的教法；封八思巴为国师并让其统领所有僧众；僧人们不可违背上师之法旨和佛陀教法；懂得教法之僧人，不分教派，一律尊重服从，无论军官、军人、守城者、达鲁花赤（长官）、金字使者俱不得欺凌，不准摊派兵差赋税劳役；僧人之佛殿及僧舍，金字使者不可住宿，不可索取饮食及乌拉差役；寺庙所有之土地、水流、水磨等，无论如何不可夺占、收取，不可强逼售卖；僧众遵照释迦牟尼之法，为可汗告天祈福，等等。

1269年（至元六年），八思巴向忽必烈呈献他所奉命创制的“蒙古新字”（学术界称为“八思巴文”），因此，被晋封为“帝师”“大法宝玉”，另赐玉印。1271年，忽必烈改国号为“元”以后，更加热情地支持以密宗为主要内容的西藏佛教，其中萨迦派的地位凌驾于其他教派之上。自八思巴以后，元朝一代萨迦派的历代领袖多被尊称为国师或帝师，许多上层喇嘛相继入宫廷。元朝自八思巴起，萨迦昆氏家族及其亲信门徒，先后有十四人相继为帝师。帝师是元朝特有的制度，与国师和法师不同。国师和法师仅是其他朝代的君主都曾颁赐过的、赠给高僧们的一种尊称而已。所以史书上说："元兴，崇尚释氏，而帝师之盛，尤不可与古昔同语"（《元史·释老传》）。然而这些帝师中，除了八思巴外，杰出的人物很少。

05 藏传佛教再逆袭

藏传佛教在蒙古地区再度兴起的历史，是由漠南蒙古土默特部首领阿拉坦（1507—1582）的西征藏土，才再次联结起了蒙古与西藏的紧密关系。

“元朝倾覆前的二十年，中国的北伐部队就已经深入漠北，攻略蒙古的心脏地带，火烧了哈剌和林，歼灭了附近的蒙古部落。元朝皇帝眼见大势已去，在北遁之前，还想取得放在鄂尔多斯的成吉思汗遗体与灵位，希望能以此号召蒙古族裔，在老家重起炉

灶。但是，这个皇帝却神秘死亡……”（提姆·谢韦伦[英]：《寻找成吉思汗》）

1368年，蒙古汗廷退居漠北，史称“北元”。不久势力逐渐恢复，且长期与明朝处于战争状态。窝阔台时期与西藏建立的联系，这时基本中断。在这种情况下，藏传佛教在蒙古地区的传播陷入了低谷。

藏传佛教在蒙古地区的再度兴起，是由漠南蒙古土默特部首领阿拉坦的西征藏土，再次联结起了蒙古与西藏的紧密关系，藏传佛教的另一支——格鲁派（即黄教）开始传入蒙古。

16 世纪中叶，土默特部首领阿拉坦的势力从河套一带扩张到甘肃、青海地区。1566 年，阿拉坦汗的侄孙呼图克台·彻辰·洪台吉（1540—1586 年）进军西藏地区，战争结束之后，他将一些西藏喇嘛带回蒙古。据哲里木盟（今通辽市）库伦旗发现的《锡埒图库伦喇嘛传汇典》记载，青海阿木多地方的阿兴（又名希日巴）喇嘛秉承达赖喇嘛的旨意，先到五台山朝佛，于 1571 年转到长城以北的蒙古土默特部，会见了阿拉坦汗。阿兴喇嘛向阿拉坦汗解说佛教宗旨，屡述历代达赖喇嘛的学识与贤明，以及生平等等，并劝说阿拉坦汗邀请格鲁派领袖三世达赖。1576 年，鄂尔多斯部的呼图克台·彻辰·洪台吉（洪台吉为蒙古贵族的一种称号）向他的叔叔阿拉坦汗建议，迎请西藏达赖喇嘛，接受新教，以效忽必烈汗尊崇八思巴喇嘛之例，确立政教管理体制。阿拉坦汗毫不犹豫地采纳了这一建议。经过阿兴喇嘛的传法以及呼图克台·彻辰·洪台吉的建议，阿拉坦汗也有了皈依的心愿。

据资料记载，1578 年 5 月 15 日，阿拉坦汗与西藏格鲁派领袖三世达赖索南嘉措（1543—1588 年），在青海湖东南岸，由阿拉坦汗为迎请三世达赖而修建的察布恰勒庙（仰华寺）进行了具有历史意义的会见。阿拉坦汗在仰华寺举行了隆重的欢迎仪式。据说，从远道前来参加欢迎大会的蒙古、藏、汉、维吾尔等族僧众和军民达十万余人，真可谓盛况空前。

在这次欢迎会上，最为重要的就是由鄂尔多斯部呼图克台

彻辰·洪台吉所发表的一篇言辞生动的讲演和其所宣布制定的《十善福法规》。讲演对阿拉坦汗接受佛教予以高度评价，认为这一举动是巩固汗权、建立和平、保证安宁的重要手段。讲演追述了宗王阔端、萨迦·班智达以及忽必烈、八思巴等人兴教隆法的历史，以及元顺帝妥欢贴木尔以后蒙古社会的混乱情形。从这篇讲演里，我们可以看出当时蒙古人是如何厌战、渴望和平的情形。这种热切盼望和平的心理，正是佛教得以顺利地在蒙古弘法的基本要素。

在这次欢迎会上，呼图克台·彻辰·洪台吉还代表蒙古族上

层统治者宣读了《十善福法规》，其主要宗旨为将佛教正式定为国教，巩固其地位，并为此采取一些具体规定：如提出废除杀生祭祀和废除供奉翁衮（即萨满偶像），还废除古时在有人逝世时，其亲人、随从都要殉葬的习俗等。其主要目的是根除蒙古固有的萨满教。从而这部《十善福法规》便成为佛教再度传入蒙古后在蒙古确立和巩固的重要规则了。随着《十善福法规》的宣布，蒙古正式接受了藏传佛教的一支——格鲁派的教义，同时也使中断了二百余年的蒙藏关系重新开始恢复。

藏传佛教人物链接：

宗喀巴大师

宗喀巴（1357—1419年），本名罗桑札巴，出生于今青海西宁塔尔寺所在地——西宁一带，西藏人称为“宗喀”，故称其为宗喀巴（意为宗喀上人）。宗喀巴大师出身于元末官宦人家，他的父亲是元末的一位达鲁花赤。

宗喀巴大师是藏传佛教格鲁派的创始人，内蒙古地区每座寺庙里，无不供奉宗喀巴大师的像。今内蒙古西部地区五当召日木伦殿正中供奉着宗喀巴大师的一尊巨型铜像，其高有九米。大师身着格鲁派僧装，头戴黄色的班霞帽子（尖顶，下有二长带垂于两肩，原为印度之有班智达称号者所习用的帽式。班霞意即班智达帽子），面部丰满，慈眉善目，宽颐大耳，手作法印，肩生莲花，结跏趺坐于大莲花座上。其整个表情庄严肃穆，造型凝重洗练。

在五当召，除了宗喀巴大师的这尊巨像而外，其东西两侧，沿墙排列着木制的千佛龛，龛内供奉一千躯宗喀巴大师小型塑像。这些塑像均为模制涂金，高约30厘米，象征着宗喀巴大师化身的千佛。

在美岱召正殿东壁上所绘制的宗喀巴大师成道故事画，生动地反映了宗喀巴大师学足以服众、行足以范师的光辉的一生。

格鲁派从16世纪后半期开始传入并普及于蒙古地区全境，历4个世纪之久而未衰。在格鲁派寺院中，宗喀巴大师的地位极为崇高。他的法像，不仅普及于西藏并且遍布于内蒙古地区各个角落，受人供养。宗喀巴大师入灭的旧历十二月二十五日，就成了西藏、蒙古地区广大佛教徒的一大节日，直至今日。

宗喀巴大师所创立的格鲁派教义，是据尊者阿底峡的名著《菩提道炬论》为宗，衍释为《菩提道次第广论》，作为中心教法。

格鲁派教义也源于噶当派。到了15世纪格鲁派兴起后，噶当派的寺院先后都改宗格鲁派，这说明格鲁派实际上是继承了噶当派在社会上的一切功能。从此，噶当派也就融入格鲁派而不再单独存在了。因此，后来宗喀巴大师创立的格鲁派也尊奉阿底峡尊者，并与宗喀巴并列。如锡林郭勒盟贝子庙大经堂中就有过阿底峡尊者和宗喀巴大师并列的两尊大壁像，其比例与显宗佛像基本相同。

宗喀巴大师圆寂后，自己虽没有转世，但是后来为了维持法统的方便，格鲁派建立了宗喀巴大师的两大弟子转世的制度，成为藏传佛教格鲁派两大活佛转世系统。这两位就是达赖和班禅。

06

承前启后的传法者

到了16世纪末和17世纪初，内蒙古诸部封建领主们完全向藏传佛教开放了。此时由西藏前来内蒙古地区弘法的大师们的布道活动，对佛教在蒙古地区深入发展，起了不可忽视的关键性作用。

阿拉坦汗的皈依，使藏传佛教的一支——格鲁派在很短的时间内，在当时土默特部的首府呼和浩特得到了蓬勃发展。阿拉坦汗和三世达赖的会见结束后，达赖喇嘛自青海返回西藏之时，就指派了栋科尔·满珠什里·呼图克图代表自己驻锡于呼和浩特，弘扬佛法。这样西藏宗教领袖的代表人物在呼和浩特主持了宗教

事务。阿拉坦汗从青海返回呼和浩特后，即建造供奉释迦牟尼佛像的大召（即弘慈寺），成为在内蒙古地区所建立的第一座藏传佛教寺庙。此后数十年间，在阿拉坦汗的儿子、孙子及其亲信们的资助下，在呼和浩特及其附近，寺庙建筑相继而起，成为召庙林立、金碧辉煌的美丽城市，甚至到了明末清初，连呼和浩特这个地名也往往被召城一名所代替。云游僧侣、隐修士及其弟子、信徒不断集中到呼和浩特及其附近一些山区。蒙古诸部的领袖人物也亲至呼和浩特拜佛，行皈依之礼。于是，历经数十年间，呼和浩特就变成了藏传佛教在蒙古地区的大本营了。

阿拉坦汗逝世后，西藏三世达赖于 1588 年又亲自来到蒙古右翼三万户之地（今鄂尔多斯一带）传法，并于当地圆寂。他的“转世”又生于阿拉坦汗的家族里。这两件事，使阿拉坦汗皈依佛教以后藏传教迅速在蒙古地方传播，蒙古归宗佛教的主要动力在日后也成为蒙古贵族一致支持佛教的主要原因。

到了 16 世纪末和 17 世纪初，内蒙古诸部封建领主们完全

向藏传佛教开放了。此时由西藏前来内蒙古地区弘法的大师们的布道活动，对佛教在蒙古地区深入发展，起到了不可忽视的关键性作用。这其中的阿兴喇嘛，可以说是在阿拉坦汗时期从西藏来的第一位传法大师。据《锡埒图库伦喇嘛传汇典》记载，阿兴喇嘛出生在青海阿木多地方的萨木鲁家族，名希日巴，少时出家，曾于哲蚌寺学经。因是达赖喇嘛母亲的同族近支，故被尊称为阿兴喇嘛（藏语，意为舅父喇嘛之意）。学成后，秉承达赖喇嘛旨意，离藏云游山西五台山。后转到长城以北的蒙古土默特部，居呼和浩特以北察罕哈达说教传法，深受阿拉坦汗的崇信。此后奉阿拉坦汗之命赴西藏迎请三世达赖，于丁丑年（1577 年）返回呼和浩特，受封“额齐克喇嘛”之号。阿拉坦汗逝世后，约 17 世纪初，阿兴喇嘛东游到喀喇沁、巴林等地区传教。1629 年，应后金皇太极之请，入居盛京（今沈阳市），建言征伐明朝方略。1632 年返回蒙古地区，居住于盛京之西法库山。次年迁居今内蒙古库伦旗，其地始有“满珠锡里库伦”之称。阿兴喇嘛于 1636 年八月十五日圆寂，寿八十余。

此外，随同阿拉坦汗从青海来呼和浩特的满珠锡里·呼图克图（1557—1587 年），也是一位极其重要的人物。这位活佛，不仅作为呼和浩特阿拉坦汗的喇嘛而闻名，更为重要的是，当藏传佛教在土默特地区产生危机时，他挽救了这一危机，从而使佛教在整个蒙古地区迅速发展。据《蒙古源流》记载，当阿拉坦汗的生命垂危之时，土默特部的领袖们对佛教的信仰产生了动摇，甚至提出“此经教之益安在哉？既无益于合罕之金命，岂能利后世之他人乎！此等喇嘛乃欺诳者也。今当弃绝此辈僧徒”的想法。满珠锡里·呼图克图闻之，立即赶到现场，用佛法之生死轮回之道，说服和扭转了土默特的领袖们在取舍佛教的道路上的彷徨。

当时从西藏前来弘扬佛法的诸大师中，锡埒图·固什·绰尔济的活动，对蒙古人接受佛教思想具有很大影响。据史料记载，他的传教活动，从阿拉坦汗时期开始，到那木岱汗略后的年代中，均依稀可见。他不仅是三世达赖之高徒，尤其令人瞩目的是，他是这一时期的最有名气的佛经翻译家和佛学家。他除了参加那木岱时期所进行的《甘珠尔经》的翻译及领导工作而外，还有许多其他极为重要的佛教经典被译成蒙古文。他作为一名传法者，在其众多佛经的译后记和有关著作里，向他的广大佛教徒系统地介绍了教徒必须了解的佛教教义、伦理道德和佛教历史。接受一种宗教，就是要接受一种宗教的思想。从这个意义上讲，锡埒图·固什·绰尔济的传法活动，对于佛教的基本思想观念占据整个蒙古社会，产生了重要的影响，且远远超出了他的同行们。他的代表作《本义必用经》在

蒙古社会中颇有影响的原因，大概也在于此。

除了上述几位重要的传法者而外，还有几位传法者的活动也被记载在蒙古人的佛教文献中。如：参加阿拉坦汗时期所建大召开光活动的济陇 · 呼图克图拉汪曲结坚赞；依四世达赖的派遣前来呼和浩特统掌佛法的迈达哩 · 呼图克图；出自蒙古贵族家庭，受西藏格鲁派领袖的派遣而来呼和浩特，后来又到内蒙古东部地区进行传教活动的内齐 · 托因 ；在蒙古末代汗——林丹汗的宫帐里当宗教顾问的沙尔巴 · 呼图克图；在内蒙古东部科尔沁草原传教，后来得到满族皇室优礼的斡禄达尔罕 · 囊索，等等。在当时除了西藏的大师们来弘法以外，在呼和浩特地区已有了蒙古族出身的大师也在进行传法活动，如呼和浩特的博格达察罕喇嘛就在呼和浩特一带传法，而且他的活动很有影响力。

上述这些传法大师，都是阿拉坦汗皈依佛法后，使内蒙古地区的佛教大兴的主要弘法者。他们的传法工作，都是先从封建上层开始，随后逐渐遍及民间。

人物链接：

四世达赖喇嘛云丹嘉措

四世达赖云丹嘉措，意为功德海，生于藏历第十绕迥之土牛年（1589 年），父名青格尔杰布彻辰曲吉，又名苏密尔台吉，阿拉坦汗之孙，母名帕堪努拉是苏密尔台吉之次妻，出生在蒙古土默特部。

阿拉坦汗和索南嘉措在他们会见后的十年中，虽然相继去世，但是由于他们生前所做的各种安排和已经建立起来的各种关系，佛法传播不仅没有停顿，而且得到了继续发展。

由于藏传佛教格鲁派（黄教）宗教首领实行的是转世制度，

关于三世达赖的转世在明代民俗资料《北虏风俗》中，有详细的描述，说三世达赖在世时就曾指阿拉坦汗孙子苏密尔台吉的驻牧地上谷（河北怀来）"此地数年后，有佛出焉!"1588年三世达赖去世，苏密尔台吉的妻子尊姆琼娃·帕堪努拉果真有身孕，且胎儿在腹中有声，众僧即说"此当生佛"。公元1589年，即三世达赖喇嘛索南嘉措去世后的第二年，阿拉坦汗的曾孙即成吉思汗的二十世孙虎督度诞生，出生时自言"我前达赖喇嘛也！"后众喇嘛让虎督度辨认器物，虎督度抓起念珠和经册，并说："此我之故物也"。很快就被蒙古王公和藏族格鲁派的僧人共同确认为是三世达赖索南嘉措的转世。接着，西藏格鲁派上层三世达赖索南嘉措的管家班觉嘉措等也承认了这一认定，1592年班觉嘉措亲自到蒙古地区进行认定，并命名为云丹嘉措，即四世达赖喇嘛。同年，明政府封赐云丹嘉错为"朵儿只唱"。

阿拉坦汗的妻子，忠顺夫人，蒙古土默特部实际首领三娘子，将年幼的四世达赖迎在归化城（呼和浩特旧城）的席力图召，跟随希迪图噶卜楚学习黄教经典。1602年，云丹嘉措已14岁，西藏的噶丹寺、色拉寺、哲蚌寺三大院派出正式代表来到蒙古土默特部，承认云丹嘉措为转世灵童并迎请入藏（黄教制度：只有在西藏三大寺院坐床才能成为事实上的达赖喇嘛）。三娘子和顺义王扯力克汗派席力图召一世呼图克图希迪图噶卜楚护送四世达赖到西藏。

云丹嘉措沿途受到青海、西藏的蒙古藏僧俗人众迎接，于1603年到达西藏，先在藏北热振寺举行了坐床典礼，后到拉萨，住进哲蚌寺，拜噶丹寺赤巴根敦坚赞为师，举行出家仪式，受沙弥戒。

1607年，云丹嘉措赴扎什伦布寺，向四世班禅罗桑确吉坚赞学法，两个人相处感情非常融洽。云丹嘉措在扎什伦布寺住了一段时间才回到拉萨。1614年，云丹嘉措请四世班禅到哲蚌寺，拜四世班禅为师，受了比丘戒。接着云丹嘉措应哲蚌寺僧众之请，继任了哲蚌寺第十三任“赤巴”，又应色拉寺僧众之请，兼任了色拉寺第十五任赤巴。1616年，明朝万历皇帝派专人进藏，赐给四世达赖喇嘛云丹嘉措“普持金刚佛”的封号和封文。

1616年12月15日，四世达赖喇嘛云丹嘉措在哲蚌寺突然去世，时年二十八岁。

四世达赖入藏后，西藏格鲁派（黄教）派麦达力活佛来土默特主持蒙古地区黄教事宜，三娘子的儿媳把汉妣吉（五兰妣吉）为迎麦达力活佛来灵觉寺（美岱召）为弥勒佛开光,1606年，特扩建了美岱召大雄宝殿的前殿和泰和门。美岱召的泰和门至今仍留着“大明国丙午年戊戌月己巳日庚午时,(公元1606年10月4日11时）建”的石刻题记。

在历世达赖喇嘛中，只有第四世达赖喇嘛是蒙古族人，其余都是藏族人。第四世达赖喇嘛云丹嘉措的转世于蒙古黄金家族是有其历史背景和深远影响的。三世达赖的转世灵童是成吉思汗的二十世孙，这完全是三娘子和黄教上层做出的对双方都有利的安排。三娘子利用转世灵童达到控制蒙古地区喇嘛教的目的，增强日益分裂的蒙古部落的凝聚力，从而巩固阿拉坦汗政权，三娘子选定云丹嘉措为转世灵童，就是因其父苏密尔台吉的封地是阿拉坦汗后人封地中最贫瘠的地区，经济和军事实力最弱，这样才有利于她的控制。西藏黄教势力之所以能够接受蒙古族藏传佛教的转世灵童，目的在于想利用蒙古军事势力与红教做斗争，四世达赖在世时，蒙古族上层人物就曾以朝佛为名到拉萨，他们带着大批随从就是去支持黄教。四世达赖去世后红教所控制的第悉藏巴政权就曾下令禁止达赖转世，1617 年与 1621 年蒙古军队两次进藏与第悉藏巴政权交战，此后，五世达赖才得以转世。1622 年，五世达赖被迎到哲蚌寺。

不管蒙古族贵族和西藏黄教势力如何精心安排，四世达赖喇嘛是成吉思汗家族的第二十世孙是不可更改的事情，是无可否认的事实，这使得蒙古、藏、汉族文化水乳交融的历史源远流长。正如《黄金史纲》说到的“达赖喇嘛的化身既降生于达延汗的黄金氏族，而今才将宗喀巴的宗教在蒙古之国显扬的如太阳一般”。

07

被佛法度化的后金帝王

满族和蒙古族在宗教信仰上，本来都是属于同一范畴的北亚萨满信仰。

蒙古末代可汗林丹汗治世之际（1604—1634年），正是东亚大局发生重大变化的前夕。内蒙古东部的女真族后裔满族兴起并建立国家，史称后金。林丹汗力求恢复蒙古可汗权威，致力于统一蒙古各部的事业，但是在强大的后金的进攻和蒙古东部诸部封建主的反对下，他的努力没有成功。在后金天命、天聪年间（1616—1635年），内蒙古各部接连向后金归降。林丹汗被清太宗（皇太极）追逃至青海，最后于1634年病死在大草滩。1636年以林丹汗之子额哲为首的内蒙古各部封建主在盛京（今沈阳市）集会，尊皇太极为“博格德·彻辰汗”。这标志着内蒙古各部彻底归顺了后金政权。

随着蒙古各部归附清朝，清政府也接手了内蒙古佛教的“保护权”。这一发展过程，就是在盛京建造一座大喇嘛庙，把蒙古的护法神金像（相传高一尺二寸，重一千两）从蒙古地方移至盛京而开始的。据史料记载，早在元世祖忽必烈时期，被封为帝师的西藏萨迦派喇嘛八思巴，曾铸造一尊护法神金像，奉祀于五台山，蒙古人称它“玛哈噶拉神”。此神为蒙古人的战神，可增威德，举事能胜。此神由八思巴送入元朝

后，成为忽必烈以下历代元朝皇帝们崇奉之神。林丹汗时期，由西藏萨迦派喇嘛沙尔巴呼图克图将它从五台山移至蒙古察哈尔部供奉，成为蒙古的护法神，深得蒙古人的崇奉。1634 年，皇太极追击林丹汗，征服了察哈尔部。林丹汗的两位夫人及其子额哲等人，将该部珍藏的护法神金像献给了皇太极。为了表示对佛教的信奉，皇太极亲自向护法神像行三跪九叩之礼，并派大喇嘛及重要官员迎接这尊护法神像。同时皇太极还特地下令在盛京建造一座大喇嘛庙，加以供奉。1638 年庙成，命名为“实胜寺”。

林丹可汗

满族和蒙古族在宗教信仰上，本来都是属于同一范畴的北亚萨满信仰。自从16世纪末蒙古人再度皈依佛教，教法逐渐普及的时候，满族人也受到临近蒙古部落的影响开始信仰了佛教。据汉文和满文资料记载，17世纪初，从西藏东来蒙古弘法的大师们也顺便到后金渡化，使后金皇帝转向信仰佛法。太祖努尔哈赤（1559—1626年）于1615年在其根据地赫图阿拉（今辽宁新宾县）城东开始修建七座大庙。此外，努尔哈赤尊崇和优礼从蒙古科尔沁部到后金的西藏喇嘛翰禄达尔罕囊索。囊索喇嘛圆寂之后，又有许多喇嘛携带信徒及蒙古牧民投奔后金，也同样受到努尔哈赤的优礼相待。努尔哈赤优礼和尊崇喇嘛的这一政策，后来被努尔哈赤的继承者们继承下来，从而成为贯穿清朝的重要传统政策，并在蒙古佛教史上产生过重大影响。

崇德四年（1639年）十月，皇太极派遣以额尔德尼·达尔罕喇嘛和察罕喇嘛（此为囊索喇嘛之法弟）为首的九人代表团去

西藏，并分别致信藏王（藏巴汗）和达赖喇嘛（五世达赖），表达了皇太极发展佛教的愿望，并要求西藏高僧传教。然而遗憾的是，这一使团因当时形势等种种原因，到了今呼和浩特后便返回。

崇德七年（1642 年）十月，西藏达赖喇嘛、班禅（四世班禅）派遣青海和硕特部领袖额齐尔图的第三子伊拉古克三 · 呼图克图和厄鲁特部戴青绰尔济等一行人为西藏格鲁派的代表，经长途跋涉后到达盛京。这是西藏方面首次与皇太极联系的宗教代表团。皇太极在盛京极为热情地接待了西藏宗教代表团。当伊拉古克三等人返回西藏时，皇太极也派遣了自己的代表团，同伊拉古克三等人一起前往西藏，拜见达赖和班禅。

08 信仰虔诚的帝王

1653年五月，五世达赖在返藏途中行至内蒙古的代噶庙（今凉城县境内）时，顺治帝派遣礼部和理藩院的官员追至代噶送来金印和金册，其印文为“西天大善自在佛所领天下释教普通瓦赤喇怛喇达赖喇嘛之印”。

1634年，皇太极在盛京去世。1644年清军大举入关，攻占了北京。皇太极的第九子福临被拥上皇帝宝座，当时才六岁，即清顺治帝。顺治即位后，清朝的执政者们仍然对西藏的佛教极感

兴趣，多次延请西藏五世达赖喇嘛进京。据记载，清朝自 1644 年首次派遣官员和伊拉古克三 · 呼图克图一起进藏迎请五世达赖而外，又在顺治五年（1648 年）、顺治七年（1650 年）、顺治八年（1651 年）接连派遣专人进藏，邀请五世达赖前来内地。顺治五年（1652 年），五世达赖从西藏启程，于 1653 年元月到达北京。顺治帝虽然以若无其事的姿态到北京郊区南苑狩猎，有意安排与达赖喇嘛在不拘礼节的形式下相会，但仍待以殊礼，接待极为隆重。顺治与五世达赖的这次会见，在政治上的成功在于清朝对达赖喇嘛的册封。

1653 年五月，五世达赖在返藏途中行至内蒙古的代噶庙（今凉城县境内）时，顺治帝派遣礼部和理藩院的官员追至代噶送来金印和金册，其印文为“西天大善自在佛所领天下释教普通瓦赤

喇怛喇达赖喇嘛之印”。册文除对五世达赖倍加推崇外，在册文最后有“兴隆佛化，随机说法，利济群生”等语。清政府显然是把五世达赖作为西藏宗教领袖加以隆重册封。五世达赖的册封具有重要的政治意义和宗教意义：对清廷来说，清朝皇帝的威望影响了西藏，从而使西藏佛教领袖得到了清政府的正式承认，清朝皇帝就变成了西藏佛教的第一宗主或是第一个檀越（施主）；对西藏来说，这一册封便是西藏地区自元朝以来再度臣属于中国皇帝的象征；对蒙古来说，在西藏的政治统治（这时固实汗统治西藏）实权，无声无息地退居于次位；从宗教角度来说，通过五世达赖的册封，把藏、蒙古、满三族联结在一起，成为北亚历史上最强大的宗教势力。自从五世达赖被册封以后，清朝一代便形成了一种制度，即每一代达赖喇嘛坐床时都要由清廷加以册封，才算取得正式地位。

顺治帝是一位对佛教很虔诚的皇帝，册封五世达赖不久，顺治十二年（1655 年）、十四年（1657 年）曾两次各派数十名喇嘛到五台山道场，以佛门弟子自居，并自称僧人转世。在清朝诸帝中，康熙是第一个对佛教经典产生兴趣的皇帝。在康熙帝的热心支持和扶植下，蒙古人对佛教的信仰发展到了更高的思想境界。

康熙五十七年（1718 年）至五十九年（1720 年），康熙帝亲自降旨，组织蒙古喇嘛学者和刻版工匠，并题写“前言”将林丹汗时期编就的蒙古文《甘珠尔经》抄本，再次做了仔细校勘后在北京刊行。康熙帝的儿子雍正及其孙子乾隆也继承了这一传统。

雍正自己就宣称："朕少年时，喜阅内典，惟幕为佛事"。雍正还认大喇嘛章嘉活佛为恩师，受佛教影响很深。有些佛教界人士认为，"有清诸帝，悉信佛法，其悟入最深者，唯世宗（雍正）为第一"。雍正之信佛，确是历史上有名的。乾隆崇信佛教，比其父雍正有过之而无不及。他即位不久，即将雍正的藩邸雍和宫改为佛寺、为其父祈冥福。此外他还动用了大量钱财，重修北京妙应寺白塔。

1978年，北京市文物工作者对妙应寺进行维修过程中，发现了乾隆手书的《般若波罗蜜多心经》《大藏真经》等七百多函佛经。这一发现与妙应寺碑记相符。乾隆还曾由六世班禅为其受戒。今北京雍和宫里还存有《乾隆受戒图》。乾隆对佛教经典有极大兴趣的另一个证明是，他于1742—1749年，组织人力和财力，将《甘珠尔经》的通经疏义文大合集本《甘珠尔经》，共二百二十六卷之巨，译成蒙古文在北京刊行。乾隆皇帝以其对佛教的真实虔诚，将蒙古文佛教经典的翻译和出版推向了历史顶峰。因为从这次译经以后，藏文所有的主要经典，差不多都有了蒙古文的翻译本。从此，蒙古人有了丰富的佛教思想典籍《大藏经》。

在蒙古佛教史上能够产生这么一大套佛教丛书，这反映出清朝统治者对佛教的虔诚，我们首先应该对蒙古人拥有本民族语言佛教经典《大藏经》一事给予高度评价。日本虽然是东亚的一个佛教大国，并有着很多学识高深的大师，据说始终没有刊行日文的大藏经。从这点便可知，到了清朝一代，蒙古人的佛教热情有多么高了。此外，乾隆年间还完成了自雍正开始的汉文《大藏经》的雕刻，是谓"龙藏"。1759年，编辑了满汉蒙古藏四译对照的《汉满蒙藏四体合璧大藏全咒》。其后乾隆皇帝有计划地将汉文《大藏经》译成满文，从1773年直至1790年，花了十八年的时间，完成了满文《大藏经》的译本。乾隆帝对佛教经典的崇信，不仅反映在手书及大量刊行佛典，甚至把佛典当成解决现实社会矛盾的良药。据清朝官书记载，1791 年，内蒙古苏尼特二旗连年发生旱灾，牲畜多有死亡。乾隆帝为了解决旱情，竟然从京城发出《大法轮经》，让有道行的喇嘛“将此经唪诵，祈祷应时甘澍，以弥旱灾”。用喇嘛唪经来解决旱灾，也许是过为已甚的行动，然而对乾隆来说，这完全是出于对佛典的虔诚所致。

清朝诸帝的其他一些活动，也都表现了他们对佛教的崇敬。顺治、康熙、雍正、乾隆等都曾多次到五台山拈香礼佛，建道场，庆祝生日，祈保长寿，广盖寺庙，大量铸造佛像，等等。

09 弘扬佛法广建庙

广建寺庙，是清廷崇奉和扶植佛教的一项重要措施。清朝统治蒙古地区的二百余年间，在清廷资助或直接支持下，寺庙建筑不断增加。

“蒙古人选在额尔德尼召兴建蒙古第一座喇嘛庙，其实是很自然的。这个地点就在成吉思汗王朝直系的继承者——窝阔台、贵由、蒙哥举行库毕尔台的地方。鲁布鲁克造访蒙古时，这里还是个小城，来自中国、韩国以及中亚和近东诸国的商旅使臣，就栖身在这个简陋的地方。20 世纪 40 年代，苏联探险队发现蒙古皇宫建筑用的石块，被拿去盖了喇嘛庙。

喇嘛庙自成独立的王国，为兴建庙宇，不知道征调了多少资源。外墙的两端有足够的空间，可以盖一百〇八座舍利塔，兴建费用都来自信徒的捐献。庙里的神像据说是第一代哲布尊丹巴亲自设计的。乡野传说中的第一代的哲布尊丹巴是一个巧手工匠，还结过婚，在传教过程中，有人怀疑他拥有神力，饱受时人批评，他只好叫他的妻子走出帐篷，她出来的时候，手里捏了一块融化的铜，攻击他的人，亲眼看到她用那块铜捏成一尊佛像。自此之后，凡夫俗子就再也不敢说什么了。”（提姆·谢韦伦［英］：《寻找成吉思汗》）

广建寺庙，是清廷崇奉和扶植佛教的一项重要措施。清朝统治蒙古地区的二百余年间，在清廷资助或直接支持下，寺庙建筑不断地增加。据有关资料统计，到 19 世纪时，在蒙古地区出现的寺庙共有一千二百多座。在这些寺庙中，多伦诺尔的汇宗寺的建造，可以说是清廷直接在蒙古地区投资建造喇嘛庙的先例。康熙三十年（1691 年），康熙帝率百官会盟于多伦诺尔，蒙古封建主悉数参加，喀尔喀蒙古正式归附清朝。在会盟期间，根据蒙古诸部的请求，在多伦诺尔地方建庙，康熙五十年（1711 年）赐额“汇宗寺”并“命百二十旗各一僧居之”。继后雍正九年（1731 年）在汇宗寺之西南一里许又建一寺，赐额“善因寺”，为清廷四大呼图克图之首的章嘉的居住寺院。从此，多伦诺尔变成了蒙古地区佛教中心。

除上述汇宗、善因二寺外，在蒙古地区的大部分寺庙均由清廷赐寺名、匾额，成为清廷注册的寺庙。今呼和浩特的大召是明万历八年（1580 年）建成的内蒙古地区最早的喇嘛庙之一。该寺本名“弘慈寺”，原是明朝赐名。蒙古归附清廷后，清太宗皇太极于崇德五年（1640 年）向土默特部首领发出诏令，对大召进行扩建，并亲自向大召赐满、蒙古、汉三种文字的寺额，汉文作“无量寺”，同时命令工部建造“皇帝万寿无疆”金牌，交给大召供奉。从此，大召不再称为“弘慈寺”，而称为“无量寺”。这是清朝对蒙古地区寺庙赐名的开端。之后，在明代呼和浩特地区所建的六大寺庙中，除美岱召而外，其余五大寺庙，即大召、席力图召、乌素图召、喇嘛洞召（广化寺）和小召，相继得到了皇太极、康熙、乾隆等清朝皇帝的赐名和赐匾额。

清代在呼和浩特地区建造寺庙，从顺治年间开始。顺治九年（1652 年），应清政府邀请，西藏五世达赖进京，途经呼和浩特时，曾亲临大召、席力图召烧香讲法。此后，在呼和浩特地区，出现了清代第一次建造寺庙的高潮。自顺治十二年（1655 年）到顺治十八年（1661 年），先后增建了慈寿寺、崇喜寺（东喇嘛洞）、崇寿寺（朋斯克召）三座寺庙，后均由康熙帝赐寺名。到了康熙年间，在呼和浩特地区兴建寺庙达到了新的高潮。康熙元年（1662 年）从喀尔喀札萨克图汗部率领 160 户属民的咱雅班智达到北京朝见皇帝后，遵照康熙帝的旨命，在呼和浩特城东北吉尔嘎朗图山修建一府寺庙安居。后又扩建，于康熙三十六年（1697 年）乞赐名，钦赐满、蒙古、汉三种文字的“尊胜寺”门匾。康熙八年（1669 年），达赖绰尔济在呼和浩特建了一座寺庙，康熙三十四年（1695 年）奏请寺名，敕“隆寿寺”（俗称额木齐召），

并赐满、蒙古、汉文寺额。康熙三十七年（1698 年），呼和浩特小召寺的内齐托因二世被清廷委任为“呼和浩特掌印札萨克大喇嘛”。从此，清廷向呼和浩特各大寺庙陆续赐名。康熙年间在呼和浩特地区建立的寺庙还有弘庆寺（俗称拉布济召）、宁祺寺（俗称和硕乃苏莫召）、广寿寺（俗称东乌素图召）、永安寺（俗称察罕哈达召）、绰尔济召、吉特库召、里素召等。

在清代所建的诸多寺庙中，乌兰察布地区以其数量压倒其他地区。清代的乌兰察布盟，除现在的行政区域而外，还包括今巴彦淖尔市乌拉特前、中、后旗。据说这里曾有过三百多座庙宇。今达尔罕茂明安联合旗的百灵庙于康熙四十一年（1702 年）建成，它的极盛时期，喇嘛曾达 1700 多名。大青山中的五当召（今归包头），以其经学最有名。据有关统计，该盟的四子王旗曾有过 240 座召庙，其中以锡拉木林庙（公宁灵）为最有名，它管辖着清朝一代察哈尔以及后来的绥远地区的数十旗和青海部分地区的宗教事务，号称“塞北拉萨”。其最盛时期，喇嘛曾达 1400 多人。中华人民共和国成立前日本、美国等国家宗教界人士，曾多次前来这里进行宗教活动。可惜这一“塞北拉萨”在“文化大革命”中惨遭破坏，变成废墟。

今分别归属乌兰察布市和锡林郭勒盟的清代察哈尔八旗和四牧群境内就有 80 座寺庙，其中八旗境内 64 座，四牧群境内 16 座。在这些寺庙中，“汇宗”“善因”二寺最有名。

10 寺院庙宇百千重

金碧辉煌的庙宇，如一颗一颗璀璨的明珠，散布在辽阔无垠的草原和塞北群山之中。

“城外一英里处，曾经有蒙古历史最久、规模最大的寺庙群，也就是巍峨壮观的额尔登尼召。全盛时期，庙里面有一万名喇嘛，高不可攀的外墙内，共有六座以上的寺庙。在蒙古，再也找不到

任何地方，比额尔登尼召更能彰显蒙古帝国的气魄与光彩，纠正大家对蒙古生活的错误印象。”（提姆·谢韦伦［英］：《寻找成吉思汗》）

据统计，清朝至民国年间，在今锡林郭勒盟境内修建了130多座寺庙。其中乾隆年间所建的阿巴哈纳尔左翼旗的贝子庙即阿日雅·章隆·班智达庙，是蒙古地区颇负盛名的大寺。还有康熙年间的苏尼特左旗的查干敖包庙（福佑寺）曾是塞北名刹之一，极盛时期喇嘛人数曾达1000多人。后者在“文化大革命”中被毁，现已荡然无存。

阿拉善地区境内因有清代修建的阿拉善八大寺（今阿左旗6

座，阿右旗1座，磴口县1座）而闻名。此外，小型庙宇也有24座，其中保存比较完整的当数乾隆年间建成的延福寺。

鄂尔多斯是藏传佛教格鲁派最早传入的地区。从明末以来就有寺庙。据今资料统计，其境内曾有过243座寺庙。其中在鄂尔多斯地区有名的为王爱召（达拉特旗），准格尔召（准格尔旗），新召（鄂托克旗）等。其建筑年代以准格尔召为最早，大约1600年，其他各召大都建于清代，其中乾隆年间为最多。

今赤峰地区寺庙的建筑，从年代上说，可以上溯到辽代。赤峰地区现存数十个辽代石窟和八座大小不一而风格略同的辽塔。其中巴林左旗林东镇南前召和后召石窟寺，保存较好，是内蒙古地区现存辽代石窟寺较完整者。还有元代所建的位于喀喇沁旗境

内的“龙泉寺”以及明代所建的敖汉旗境内的“经成寺”（建于1522—1566年）。赤峰地区的其他寺庙均是清代所建。据统计，约有170多座。这些寺庙的建造时间多在清顺治、康熙、雍正、乾隆时期。其中建造规模，以阿鲁科尔沁旗的罕苏莫（诚恩寺）、巴林右旗的园会寺、荟福寺、巴林左旗的喇嘛苏莫、善福寺，喀喇沁旗的福会寺，翁牛特旗的梵宗寺和宁城县的法轮寺，最为壮观。

据有关调查资料，今通辽市和兴安盟地区，在清代所建寺庙有 200 多座。其中今库伦旗的“锡埒图库伦三大寺”闻名于蒙古地区。清代的锡埒图库伦，曾经是一个实行政教合一制的喇嘛旗，拥有广大土地和俗世弟子，等于一旗，与俗世贵族同享行政治理权。当时在这里大大小小的十八座寺庙集中在库伦旗，其中兴源寺、象教寺和福缘寺，素有锡埒图库伦三大寺之称。

其次是科尔沁左翼中旗的莫力庙，该庙经康熙、雍正、乾隆三代不断扩建，规模越来越大，其寺名本称“集宁寺”，副寺有福全寺、隆佑寺等共十二座，僧房五百余间，清廷赐“度牒”580余名，极盛时喇嘛人数达两千余名，毁于“文化大革命”期间。

此外，科尔沁右翼中旗的白音和硕庙，是清代哲里木盟全盟所供奉的庙宇。还有今兴安盟境内仅剩下一些残墙断壁的噶根庙

（梵通寺），曾是内蒙古东部地区的名刹之一。

呼伦贝尔盟（今呼伦贝尔市）是清代寺庙较少的地区，不过，据说也有寺庙 40 余座。位于今新巴尔虎左旗境内的甘珠尔庙（寿宁寺）在全蒙古颇负盛名，该庙是藏传佛教格鲁派六大寺院之一的拉卜楞寺（在今甘肃夏河县）的属庙，在“文化大革命”中被毁。

内蒙古地区在清朝一代至民国年间，寺庙建筑不断增加。金碧辉煌的庙宇，如一颗一颗璀璨的明珠，散布在辽阔无垠的草原和塞北群山之中。这些具有汉、藏、蒙古民族艺术精华的寺庙，是内蒙古大好河山的缩影，和我们这个多民族国家文化精品的历史见证。寺庙在蒙古游牧社会中，形成了信仰、文化、经济、教育和医疗的中心，对蒙古社会曾经有过长期而深远的影响。

11

《十善福法规》

这次蒙古贵族再度接受外来宗教的时候，与元代迥然不同，蒙古族固有的萨满教遭到了一次严重地打击。

16 世纪末，藏传佛教格鲁派传入蒙古地区后，蒙古人开始广泛信仰佛教。史料载，这一次蒙古人对接受这一外来宗教做了足够的准备。这一点与元代蒙古诸可汗和贵族们改信宗教时的情况

迥然不同。前边说过，元代对蒙古固有的宗教即萨满教的信仰，似乎没有做任何的干涉。元代皇帝们祭祀太庙，宫中祭奠，甚至皇帝的丧葬等，仍是由“孛额”和“伊都干”（女萨满）来主持（《元史·祭祀志六》）。当然在各部落和民间，更是维持着这一信仰无疑。

这次蒙古贵族再度接受外来宗教的时候，与元代迥然不同，蒙古族固有的萨满教遭到了一次严重地打击，而这次打击竟成了萨满教的致命伤。这一点大致要从两个方面来看，一是格鲁派本身教义，二是和格鲁派这一宗的领袖人物和蒙古贵族们的法制措施分不开。从格鲁派教义本身来看，它是重宗教哲学和僧侣修持，严持戒律，不容有异端和外道在他们当中存在，对其信徒们要求极为严格。所以，当蒙古人接受佛教之初，就严格要求扬弃或者

是镇压异端和外道。在格鲁派看来，蒙古人固有的萨满信仰就是异端和外道。从宗教领袖和蒙古贵族方面来看，使这一宗教很快推行的主要途径，便是在法律上得到承认，并以法制手段来保障其发展。1578 年，在青海湖东岸，由阿拉坦汗为迎请三世达赖而修建的仰华寺进行具有历史意义的会见中，由鄂尔多斯部呼图克台·彻辰代表蒙古政界宣读的《十善福法规》中得到证实。据蒙古文献《金鬘》的几种抄本，可以知道《十善福法规》的基本内容：

“从今日起向察哈尔蒙古制定《十善福法规》如下：从前蒙古人死亡时，据其身份之贵贱之别，将自己的妻子、奴仆、马、牛作为牺牲品而供奉死者，从今后应该制止此类随心所欲地、用大量马匹、牛等作为牺牲对象之行为，以慈悲之心将这些献给僧侣和喇嘛，向他们祝福和祈祷；绝对禁止拿牺牲品祭祀死者之类的事；若有人仍然像往昔那样杀人（作为牺牲品的贡献），那么按照法律夺取杀人者之生命；若有人杀马牛，则按照法律没收他的一切牲畜；若有殴打尊重喇嘛僧侣这种习惯的人，则拆散其所有财产；以前称作‘翁衮’，则是指一切死者之像而言，并以每月的满日、初八和十五那天以屠宰牲畜的血来供奉‘翁衮’的像，此外，还为每年每季的供奉而按照身份高低不同而屠宰无数牲畜者，从今后必须自行烧毁那些翁衮像，消除每年每月为供奉而提供牺牲品之事；若有人隐瞒事实破戒，杀掉马和其他家畜，则应

以高出十倍之数惩罚；若不烧掉翁衮者，没收其房屋；用放置智慧六手佛来代替翁衮，可用三白（指凝乳、牛乳、奶酪）供奉，绝对不准用血肉供奉；所有人都要修福德，在满日、初八、十五这三日行斋戒；汉、藏、蒙古的人们要消除不必要的掠夺和征服，一切按藏地戒律执行。”

这是目前所发现的《十善福法规》中最完整的一部。这部法规说明，三世达赖东来传法的16世纪后半期的时候，在蒙古社会中仍有以人和动物殉葬的习俗，耐人寻味。总之，它的宗旨就是绝对禁止强迫性的或任意的殉死；放弃萨满信仰的偶像翁衮，强迫禁止以杀牲献祭及一切萨满式的礼仪，而代之以佛像和佛教的仪式祷祝祈福。《十善福法规》为佛教的巩固和发展给予了前所未有的保障。

《阿拉坦汗传》写道：“于是可汗、合敦为首举国大众，聆听达赖喇嘛宣讲戒律之功德……妙阿拉坦汗为首皆起崇信之心，焚毁外道谬误之翁衮、察里格，使愚昧之孛额、乌达干衰落消亡，使有功无上经教之制固如绫结般”。看来，当时蒙古右翼三万户所居之地（今内蒙古西部地区）镇压萨满教运动很快收到显著效果。然而从整个漠南蒙古地区而言，今内蒙古东部地区对萨满教的镇压运动，比起西部，进行得较晚。这一工作是由到了内蒙古东部地区进行传法的内齐托因一世（1557—1653年）完成的。当然，内齐托因一世的传法活动及镇压萨满教的活动，也得到了当地（如科尔沁部）王公贵族的有力支持，否则会很多障碍。这部蒙古文《内齐托因一世传》告诉我们，约在1636年左右，内齐托因一世在图什业图汗（奥巴及其子巴达礼时代）的支持下，将民间存放的翁衮汇拢，然后把这些翁衮及偶像堆积在一起，堆得蒙古包一般大，在内齐托因一世的住宅前面纵火焚烧。为此《内齐托因一世传》写道：“他们就这样结束了异端外道信仰，使佛陀教理变得纯洁无瑕了”。

关于禁止萨满教行巫的招魂，禁止保存和杀牲祭祀翁衮等禁令，从阿拉坦汗时期开始，一直延续到1640年成文的《卫拉特法典》中。当然《喀尔喀法典》（1709—1770年）里对萨满教问题只字未提，很显然，这时佛教在蒙古地区的地位已经相当牢固，没有必要再以律令的司法手段跟萨满教继续斗争了。佛教不仅显示了它强大的力量，而且得到了官方的绝对承认和强有力的庇护。佛教在蒙古地区的发展过程中，吸收了蒙古社会中早已形成的民间宗教及信仰礼仪传统。这使蒙古地区的佛教，在其发展过程中，形成了适应当地社会历史条件的、民族性的、地域性的宗教。

12

崇拜自然的原生教

崇拜火、祭火，这是世界上许多民族的古老的宗教仪式。

“在幽暗的喇嘛庙里，听喇嘛祈祷求福，让人感到异国文化的冲击，这样的景象，想来鲁布鲁克修道士也曾经历过。宽宽的板凳排成两列，中间留下一个可以走动的通道。板凳上盘腿坐着

的穿亮红长袍的喇嘛，都有点年纪了。放在他们面前的是长卷经书和小铜铃。他们口中念诵经文，句子不断重复，语调却越拔越高，终于混成让人为之眩晕的高音。坐在后排，形容苍老但神采奕奕的喇嘛，突然用弯曲的鼓槌，飞快地往他左肩的小鼓上敲击，法螺、铜铃声随之响起，现场喧闹成一团，叮叮当当，热闹非凡，目的是震慑鬼魅，驱之远去。法器声渐渐低微，诵经声再度扬起，声音又渐渐提高，仪式再度重复。”（提姆·谢韦伦［英］：《寻找成吉思汗》）

当一个民族接受某一种宗教的时候，我们不能忽略这个宗教对于这个民族文化的适应性。蒙古人接触外来宗教之前，他们固有的宗教信仰是北方游牧民族所共同的信仰的，泛神的萨满教。即蒙古人所称之“孛额”而现代人所称之“萨满”。这是在原始的、自然崇拜的基础上发展起来的宗教，是一种自然宗教。它的极高点就是“长生天”。除此而外，其他在天地之间的诸神，如大地有土地神，山有山神，湖有湖神，然而在这些神界，自然力的化身和形象中间过渡者就是上述的“孛额”即萨满。在蒙古人的文献里将萨满教的领袖人物描绘成能与长生天往来的，是最受尊敬的“贴卜·腾格里”（告天人）。自从外来宗教即佛教大力传入蒙古地区以后，对蒙古本土固有的萨满教采取了什么态度，其最终结果如何呢？

研究蒙古宗教的学者们指出，蒙古人除其固有的萨满信仰而外，还存在着许多民间信仰礼仪的表现形式。对此，德国海西希教授有过论述。他指出：“除了真正的因兴奋而狂舞的萨满教中驱邪仪礼和咒歌之外，蒙古人中还存在有许多民间的宗教的表现形式，如祈祷长生天、祈祷火、尊成吉思汗为出身于王公贵族家族的先祖。乞灵于以披甲的骑士之面目而出现的神：如苏勒得腾格里神、腾格里战神和格萨尔汗，祈祷白老翁，大熊星座的群星和对高地的祈祷。说明了非常古老雏形的原始存在”。

据有关学者的调查资料，蒙古狩猎民宗教仪式经文，大部分都是从民间口传中发现的，而不是从萨满手中发现的。蒙古人在狩猎过程中，猎人们要遵从和完成的一些非常特殊的习俗和仪式，它是在蒙古民间中保存下来的，非常古老而且始终独立存在的一种民间宗教信仰，它的存在与萨满教信仰几乎没有多大关系。蒙古人的萨满信仰中所表现出来的这类崇拜及祈祷仪礼等现象的存在，在某种程度上是局部的，而不是普遍的。

崇拜火、祭火，这是世界上许多民族的古老的宗教仪式。蒙古人的民间口头流传及中世纪的文字资料证明，蒙古人的拜火、祭火由来已久。蒙古人的火经中将火称作“翰惕”的记载很多。“翰惕”原是突厥语，意为火。据学者们推测，当蒙古人的部落和突厥人毗邻而居，并且有了许多共同的风俗习惯时，他们就已经知道崇拜火了。蒙古人的火经中常常出现对火的称呼“翰惕汗·嘎里汗·额克”（火的主宰母亲），也着重指明拜火仪式的产生已有悠久历史。这里的“额克”（母亲）指的是以女性形象作化身的火。看起来，以其古老形式而出现的火神是女性的，所以在蒙古人的经文中也用其简化形式的“火母”取而代之。蒙古人把火作为女性和母亲的化身，被认为是财富的源泉、生育能力和生命力的源泉。蒙古人向火神祈求确保丰年，保护财富和畜群，赐给儿女等各式各样的拜火仪式，都能说明把一切希望寄托在火神身上，使火成为神圣不可侵犯和应该受到崇拜，这是在蒙古人中最为古老的宗教信仰观念之一。

随着藏传佛教的首次传入，蒙古人对火的崇拜被佛教同化了。自从佛教再度传入蒙古地区后，凡是信奉佛教的场所，拜火也就成了蒙古佛教礼仪制度，成了喇嘛们日常生活中普遍的仪式之一。

13

本土宗教的被融合

鄂博崇拜是蒙古族民间古老的习俗。

“喇嘛教很容易就与萨满教原始的精灵世界连在一起，第一代哲布尊丹巴呼图克图的言行，看起来跟萨满巫师没两样。经过六次转世，到了第七代哲布尊丹巴，喇嘛教累积了惊人的财富与势力。一代又一代虔诚的蒙古信徒，把家业、土地、羊群，奉献给喇嘛教，外带缴纳严苛的什一税，无怨无悔。成千上万的蒙古

人，舍身进到喇嘛庙当喇嘛，甚至志愿充当农奴，为的是祈求上天降福祉给他们的家人，当然，也有人是为了躲避根本负担不起的苛捐杂税。蒙古贵族横征暴敛，除了供养他们奢侈的生活之外，还得进贡给皇帝，清偿积欠商人的债务。”（提姆·谢韦伦［英］：《寻找成吉思汗》）

鄂博崇拜是蒙古民间古老的习俗。所谓“鄂博”，是在固定地点堆起的圆形石头堆，一般都位于高地、山口、交叉路口等处。鄂博作为当地的守护神和土地神的神祠，享受到特别的崇拜。据有关资料记载，这种利用石头堆来标志特定高地的习惯，除了蒙古人以外，其他中亚和阿尔泰诸民族中也存在。然而佛教传入蒙古以后，鄂博也按佛教的宇宙观加以改造了。根据蒙古风俗研究学者的记述得知，蒙古人的鄂博原来是一个石堆，自从佛教传入以后，蒙古人的鄂博从一个石堆变成了几堆，甚至变成十三个石堆。这种变成十三堆的鄂博群，在内蒙古地区很普遍。据喇嘛们解释，这十三个鄂博的中间，最高的一堆石头，象征着佛教大千世界中心须弥山，其余四个中型和八个小型的石堆，代表着围绕着须弥山的十二个有人烟居住的陆地。除此之外，喇嘛们还创造了举行鄂博的一套完善的制度，敬供和念经的仪式，还创造了用佛教绘画风格绘成的新的“沙布达克”画像等。这些画像平时保存在寺庙里，只在举行祭鄂博祭时拿出来挂在鄂博上。

在蒙古的民间信仰中有一位叫“查干额布干”（白发翁）的神灵。从蒙古人的传说和故事中得知，查干额布干的形象很崇高，蒙古人称其为土地和水神。学者们将这位查干额布干的形象追溯到很古老的原始时代的一种保畜群和丰收的神。佛教传入以后，用民间想象风格绘成的查干额布干的圣像进了寺庙，并成为“察姆”（跳神舞蹈）的一个主要人物。温顺而滑稽的秃头老人，身

穿白色服装，手持拐杖，走到围观察姆的人们跟前，用拐杖碰碰人们，以消除人们日后将要降临的不幸。这是蒙古人的查干额布干在藏传佛教察姆中的形象。

自从佛教传入蒙古地区以后，佛教对待成吉思汗崇拜的态度是较为特殊的。首先，成吉思汗成为蒙古佛教的守护神。在佛教

大黑天（玛卡啦佛）

徒们的笔下产生的成吉思汗的画像是各式各样的，有安详的，也有威严的。其次，成吉思汗在蒙古喇嘛高僧们的著作中被奉为印度教的创造之神大梵天，或奉为金刚菩萨转世。漠南蒙古佛教领袖一世章嘉呼图克图·阿旺罗桑却丹（1642—1714 年），在 1690 年左右编写的祭祀祈愿文中，将成吉思汗说成是“大梵天王的化身”，并试图将佛教产生后被吸收为护法神而成为释迦牟尼的右胁侍的、印度婆罗门教的创造之神“大梵天”考证成一体。这一思想，在后来的蒙古高僧们写的佛教史及蒙古编年史中，均被采纳并在蒙古人中广为流传。

关于佛教将萨满教的一些信仰进行改造的典型事例，在蒙古人的文献上残存下来。在出身于 18 世纪中叶内蒙古乌拉特旗的墨尔根活佛（1717—1766 年）的作品中最为突出。他的最大成就，是把萨满教中的观念和神与佛教仪规形式结合起来的蒙古文祈祷经文。这些经文，主要以崇拜高地、举行火祭、建设房舍和狩猎经文为内容，并为民间宗教的古老祈祷经文增添了一些佛教的咒语，改造了他们的神，将其纳入佛教礼仪结构的整体中。墨尔根活佛以佛教高僧的身份，为创造

一种新仪礼的尝试，在蒙古地区佛教经文的发展中取得了很大成功，因为他的作品用木刻版印行，而流传相当广泛，甚至现代人编的一些蒙古文学作品中也被采纳。此外，乌珠穆沁部的高僧毛兰热迥巴和二世章嘉若比多吉（1717—1786年）的不少作品，也在这方面做出过巨大贡献。高僧们的这些作品（主要是祈祷经文），都迎合了萨满教中那种利用佛教的神符和神咒而自我掩饰的倾向。这说明佛教高僧们对佛教和萨满观念及形象的结合特别关注。

随着藏传佛教在内蒙古地区的传播，古代蒙古人的宗教信仰和民间信仰礼仪等被佛教同化而成为蒙古佛教崇拜体系中的一部分，然而，其实质和宗旨没有变，只是它的外形补充了某些新的

东西。这就是佛教能够迅速成为蒙古人精神文化的不可分割的部分而长期存在，并适应于蒙古民族文化的重要原因。

藏传佛教人物链接：

情歌王子六世达赖喇嘛——仓央嘉措

一曲在大江南北广泛传唱的《在那东山顶上》，让很多人知道了仓央嘉措、知道了情歌王子、知道了六世达赖。但是，在阿拉善的贺兰山，在贺兰山的广宗寺就是活佛当年诵经弘法并圆寂之地，却不是很多人能弄得清楚的。

仓央嘉措生于藏南门隅的一个世代信奉宁玛派佛教的门巴族家庭，“门隅”又称“白隅吉姆邦”，意为“隐藏着的一块美丽的处女地”，那里气候温暖，雨量充沛，土地肥沃，风景秀丽。这是一片产生爱情的土地，流传着许多的爱情故事。相传从雪山脚下的湖水中曾走出一位美丽男子，以月亮为弓，以流星为箭，将定情的靴带射向美丽的姑娘，还有天女化身的贫家姑娘卓瓦桑姆与嘎拉王一见倾心的美丽传说。并且，在门巴人的传说中，太阳名叫“达登旺波”，意为七匹马拉的车子，门隅首府“门达旺”就是它的简称。七匹马的太阳车辚辚过处，就掀动着门巴人浪漫的情怀。这都造就了门巴人淳朴的民风和追求美好的生活情趣，他们爱唱情歌，歌词生动有趣，曲调欢快高昂，幼时的仓央嘉措就是在这样的环境中长大的。自然风光的陶冶，门巴文化的熏陶，少年真挚的情愫，滋养了仓央嘉措这位深情而浪漫的情歌王子，《在那东山顶上》中的玛杰阿玛，就是他爱着的姑娘。

在当年五世达赖圆寂后，他得宠的弟子桑杰嘉措为了继续利用达赖的权威掌管格鲁派事务，便将五世达赖圆寂的消息封闭了整整十五年之久，真相败露后，选定仓央嘉措为六世达赖，并迎请布达拉宫坐床。

仓央嘉措家族信奉的宁玛派佛教，是藏传佛教中最早的佛教教派之一，俗称红教，它不禁止僧徒娶妻生子。而达赖所信奉的格鲁派佛教，则是在宁玛派佛教之后由宗喀巴创建的，它则严禁僧侣结婚成家，接近妇女。由于历史的阴差阳错，仓央嘉措又与其他的转世灵童不一样，虽然他早已被五世达赖的弟子桑杰嘉措私下里秘密查访为五世达赖的转世灵童，但当时由于五世达赖圆寂的真相还未暴露，所以仓央嘉措并非自小就被迎请入宫的，而他是在广阔天籁中长大的。所有这些都集中在了仓央嘉措身上，从此也为他的人生埋下了悲情的种子。如果仓央嘉措一辈子只生活在他的东山顶上，也许他会幸福；如果他从小就能入住布达拉宫，也许同样会幸福。可是没有如果，两者对他来说都是惘然。

仓央嘉措自由自在地在他的家乡生活到 14 岁，其时已属情窦初开，入主布达拉宫后随即表现出了对这宫内的佛法和喇嘛生活的淡漠，他不但没有以清规戒律约束自己的言行，反而以宗教领袖的特殊身份，表现出了对人世间平民生活的向往与追求。有书上说此时的仓央嘉措愈加“放肆”着自己的言行了，他不但写下了大量的情诗，而且还常常在雪夜里偷偷溜出布达拉宫去会自己相爱的姑娘。在大量情诗的字里行间，一个充满人间情怀的自由性灵一下子跃然于纸上。

实际上，仓央嘉措时的西藏正值多事之秋，其时西藏上层统治阶级内部关系错综复杂，政治宗教斗争风云变幻，位高权重的“摄政王”桑杰嘉措与清廷册封的蒙古族汗王之间，以及蒙古族人内部矛盾冲突日益激化，局势动荡不安，西藏正值一场政治大地震的前夕。而无心于政治也无心于佛事的仓央嘉措被迫参与其中，满心的厌倦与失望。他看不到未来，一切都无从预料，心灰意冷，彷徨无倚，这样的活佛不做也罢。其时，驻藏蒙古军固始汗之曾孙拉藏汗自恃其青海蒙古部落曾帮助五世达赖被清廷册封有功，联合西藏的僧侣与贵族与“携天子而令诸侯”的桑杰嘉措展开了权力之争，最终导致了一场血腥的暴力冲突，结果桑杰嘉措被处死，得势后的拉藏汗向清廷报告桑杰嘉措“谋反”，并奏请由桑杰嘉措所拥立的六世达赖仓央嘉措不守清规，是假达赖，请予废立，康熙帝准奏。就这样，仓央嘉措无端地成了政治斗争的牺牲品被押送北京予以废黜。就在押赴京城的路上，坐床布达拉宫仅 11 年的仓央嘉措就谜一般地消失了，此去无痕。这一年他刚刚 25 岁，这一年中原大清帝国风调雨顺，46 岁的康熙皇帝开始了他的第六次南巡。两个同有至尊身份的人物，却有了截然相反的命运。

“佛是过来人，人是未来佛”。仓央嘉措是尘世中的佛，而唯有尘世中的佛才是真佛，他才能最受普世所欢迎。仓央嘉措写下的大量情歌，是佛教中最慈悲的梵音。因为人们知道，曾有一位至高无上的六世达赖，和自己一样经历过凡人真实而生动的情感。而作为一代达赖喇嘛，仓央嘉措就是在用他最贴近大众生活的情歌诠释他心中的佛教。仓央嘉措已经完全融进了俗世人的生活之中，走进了凡人的心里。当年仓央嘉措被废之后，拉藏汗新立了一个自己的六世达赖，但并不为广大佛众所接受。后来从甘孜州理塘县寻到转世灵童格桑嘉措，还是按仓央嘉措对下一届达赖喇嘛梵语般的准确预言中找到的，并奏请清廷第三次为“六世达赖”颁发金册金印。但广大的僧侣和百姓却视皇命于不顾，把格桑嘉措称为“七世达赖”，六世达赖仍是仓央嘉措，以至于到了后来，就连清廷也默认了仓央嘉措作为六世达赖的身份。蒙藏人民对仓央嘉措由衷的喜爱和真挚的情感，由此可见一斑。

仓央嘉措不仅是一位杰出的宗教精神领袖，还是一位才华横溢的浪漫诗人。他用自己用心写下的诗行，将宗教与爱情表述契合得如此完美，把人世间的困惑与佛门中的尊贵描述得深入浅出，梵语般的冷却内敛之中有一颗炽热的赤子之心，看似卑微顺从的语言，却传递着柔韧的叛逆，其虔诚坚贞、其真挚纯洁，动人心扉，感人肺腑，更令人难以忘怀。有不少学者都总认为，他的情诗中就有禅。凡是读过他的那些情诗的人，都会感受到，不管外界多么纷繁嘈杂，诗人心里始终平静如砥，爱情始终明澈快意。这就是人们十分喜爱他的理由，这种理由就是如此的简单。

在2002年的时候，央视的春晚曾播出过藏族歌舞《东山升起的月亮》，也就是在此时，仓央嘉措的诗歌再次传唱大江南北，六世达赖的那种赤子情怀再次引起了人们的关注与喜爱。实际上，在藏区一代代的人们心中，仓央嘉措早已家入户晓、妇孺皆知了。“达赖仓央嘉措，别怪他风流浪荡，他所追寻的，和我们没有两样”。这就是广大的藏民从心底里，为仓央嘉措唱出的最真挚的赞歌。

虽然作为六世达赖的仓央嘉措，宛如夜色里的一支雪莲，还在来不及尽情绽放时就已凋谢，但他把自己的灵魂永远地留在了那东山顶上。或许，在哪一个夜色阑珊的晚上，在那一轮白白的月亮升起的时候，仓央嘉措会披着月光，沐着夜露，去与他的玛杰阿玛相会，那山中，肯定是通明的月光一片。

14

寺庙庄严又华丽

16世纪末，藏传佛教在蒙古地区中西部十分兴盛，建造了很多寺庙。从这些寺庙的建筑样式来看，基本上是藏式、汉式或者是汉藏蒙古混合的建筑，而且大部分寺庙都是由苏克沁殿（正殿）和僧舍等两大部分组成。

佛教传入蒙古地区时，这里的蒙古人基本上都过着游牧生活，在这一游牧移动的社会中，突然出现了令人惊叹的殿堂和神秘的佛像，庄严华丽的寺庙，这种宗教的威严场合，比起教义本身，

具有更大的感化力。纵观自明清以来在内蒙古地区出现的千余座寺庙的建筑特点，大都有着独特的风格。

元世祖忽必烈以后的元朝诸帝，无一例外都是佛教的忠实信奉者。由于统治者的大力提倡，佛教在元朝一代得以发展，并建有很多寺庙。据至元二十八年（1291 年）统计，全国寺宇共四万二千三百余座（《元史》卷十六《世祖本纪十三》）。现今内蒙古地区的元朝寺庙建筑仅存一处，即今赤峰地区的龙泉寺。从龙泉寺的建筑特点来看，是按汉地传统的营造方法，把主要建筑摆在南北中轴线上，附属设施放在东西两侧，寺院的配置也是如此。从这里看不到与内地寺院有不同的建筑特点，因此我们根本无法叙述元朝的寺庙建筑在内蒙古地区的具体特点。

16 世纪末，藏传佛教在蒙古地区中西部十分兴盛，建造了很多寺庙。从这些寺庙的建筑样式来看，基本上是藏式、汉式或者是汉藏蒙古混合的建筑，而且大部分寺庙都是由苏克沁殿（正殿）和僧舍等两大部分组成。

藏式建筑总体布局，基本上是以主要殿堂为中心，其他建筑散布四周，盛行西藏的格鲁派寺庙多以此布局。在内蒙古地区现存的寺庙中，包头地区的五当召为此种布局，而且其全部殿宇均为典型的西藏式建筑，其每座殿宇都是独立的，不规则地分布于吉忽伦图山的主峰及两侧山麓，众多的僧舍则散建于山谷内的平地上。因此，它的总体布局没有中轴线的格局，也无山门，正殿、

厢房的配置及围墙等。它的设计是以西藏札什伦布寺为蓝本，各殿宇错落有致而又和谐统一，形成一组鳞次栉比的藏式建筑群。藏式建筑，从其单体布局来看，主要是方形或长方形的建筑物，平房平顶，顶盖没有瓦，墙壁很厚，外墙面涂成白色或红色，门窗齐整，多为几层高的楼房。殿顶的中央部分装饰着金属制造的宝塔，四角陪衬着塔形幢幡。承德外八庙中的普陀宗乘之庙，须弥福寿之庙，内蒙古包头市达尔罕茂明安联合旗锡拉木仁庙（普会寺）的正殿，以及锡林郭勒盟的贝子庙（崇善寺），查干敖包庙（福佑寺），阿拉善盟的延福寺等的外院及僧舍，都是属于藏式建筑。

内蒙古的大多数寺庙，在群体布局上受汉族寺庙影响较深，在其平面布局上有一条严格的中轴线。汉族寺庙的典型布局是“伽蓝七堂制”，即山门、天王殿、钟楼、鼓楼、东配殿、西配殿和正殿。其特点是严格按着中轴线布置建筑，保持了传统的宫廷、邸宅形

式。如赤峰地区的梵宗寺就是典型的汉式风格的寺院。它坐北朝南，依山势起伏由南向北按一条轴线布置建筑，此外还有的寺庙建筑布局在汉族寺庙布局上有所变通。如呼和浩特的席力图召，其山门与天王殿合二为一，并在轴线上加进了富有藏传佛教特色的建筑，即由经堂和佛殿合并组成的大殿立于一米高的台基上，殿顶有铜铸鎏金宝瓶、法轮、飞龙、祥鹿，与朱门彩画相辉映，极为绚丽夺目。其东南隅有白石雕彻覆钵式喇嘛塔。这一切，创造出十分浓厚的宗教色彩。这种建筑布局在内蒙古各地寺庙中应用比较广泛，是内蒙古地区寺庙布局的一大特点。

寺庙的中心建筑即苏克沁殿的建筑样式，在内蒙古地区来说，也颇具特色。其主要特点为汉藏结合式。汉藏结合的基本特点，是在藏式大经堂的基础上，更多地应用和强调了汉式建筑型制中的歇山顶和廊柱环绕的副阶周匝形式，檐下也都采用汉式传统的斗拱、彩绘等装修形式。呼和浩特席力图召的正殿为面阔九间，前为藏式平顶建筑，后来为汉式歇山顶建筑，这种平顶和歇山顶的巧妙结合，形成了一种汉藏合璧的建筑艺术。另外，通辽市的兴源寺正殿、福缘寺正殿，也是类似席力图召正殿式的上下两层汉藏混合式大殿。“这种混合式建筑造型上打破了藏式建筑的厚重，封闭和汉式建筑形体单一的局限，创造出一种稳健而不失轻巧，庄重而不失华丽的独特风格。”这种风格被建筑学家们认为是蒙古族寺院的典型范例。

坐落在大青山脚下的美岱召，是一个自有独特风格的建筑群。它的总体布局是一个“城”与“寺”相结合的建筑群。其四周筑有高而厚的城墙，有城门和城楼。城楼为两层悬山顶式建筑。城墙四角有突出的马面，上有重檐角落各一座。城墙内的主体建筑分布在中轴线上，两侧有附属建筑。从外观上看，美岱召似乎是一座典型的城堡，然而，在这座城堡内具有佛教寺院的大经堂，各类佛殿、佛像及壁画，并且长期以来由喇嘛主持。这种城与寺相结合的建筑物，在内蒙古地区也是第一座，是研究明清以来内蒙古地区宗教与政治关系的重要实例。

除了建筑形式上汉藏式结合而外，内蒙古地区的大部分寺庙，在彩绘风格上也是汉藏式结合为其突出特点。从呼和浩特地区现存寺庙的彩绘风格来看，大致可分为各式图案和人物绣像彩绘两种。各式图案主要以各种花边、云水、画池、花卉、梵文等为主，纷纭万状。而人物绣像则以佛像、佛经故事中的各类人物及动物为主，千姿百态。从彩绘的色调来看，以赤、橙、黄、绿、青、蓝、紫各种色彩交替使用。从图案内容来看，多以汉族的寺庙所用的云、水、龙、凤、花卉，再加上藏族寺庙的特有装饰法轮、独角兽、祥鹿、梵文美术字为主。这一切，与殿堂的红色的檐柱、黄色的平座、耸立的旗杆、洁白的覆钵式白塔相互为映，使得整个建筑变化多样，彩色绚

丽，清晰可辨，落落大方。

另外，在呼和浩特地区的寺庙中，也有在正面墙上用青色琉璃瓦的习惯，这是藏汉寺庙所没有的特点。具有蒙古族传统的色彩风格。

这为寺庙的彩绘艺术，增添了别具一格的色彩。

15

召城里的六大寺院

呼和浩特六大寺院的建立，使呼和浩特从明代开始，成为金碧辉煌的美丽城镇。当时的呼和浩特不仅成了蒙古、藏、汉各族以及蒙古各部之间经济文化交流的中心，而且也成了黄教传入蒙古地区的基地。

1576年，为了迎接喇嘛教黄派最高法王索南嘉措达赖三世，按土默特部阿拉坦汗的意图，蒙古右翼三万户在青海东岸蒙古、藏、汉三族交界处建立的察卜齐勒庙，这是蒙古封建主在蒙古地

区建立最早的黄教寺院。根据察卜齐勒庙大会精神，阿拉坦汗从青海带领洞阔尔呼土克图返回呼和浩特地区，于1579年在归化城南门外建立了第二座黄教寺院，明朝万历皇帝赐名为“弘慈寺”，蒙古人称伊克召，汉译名大召。后来，为了纪念建庙人，蒙古人把大召又称为阿拉坦汗庙或格根汗庙。格根汗是阿拉坦汗的宗教尊称。蒙古右翼各部佛教名著《甘珠尔经》最先在大召被译成蒙古文。故蒙古人又把大召叫作“甘珠尔庙”。由于大召的释迦牟尼佛像用金银铸造，蒙古人有时把它称为“释迦牟尼窟”，汉人称“银佛寺”。

阿拉坦汗去世后，继承土默特部汗位的僧格都楞汗同有关封建领主商议，决定请达赖三世索南嘉措到蒙古右翼各部传播宗教。达赖三世到呼和浩特时，从西藏方面曾派希迪图噶卜楚陪同。

1588 年，达赖三世圆寂时，留下了遗书，特意委托说：“希迪图噶卜楚你替我坐我的床。舍利(遗体)之一切事告终后，将我的后身呼毕勒罕从东方寻找”。根据遗书，由希迪图噶卜楚代表达赖三世在呼和浩特坐了床，并主持蒙古地区喇嘛教事务。第二年，即 1589 年，希迪图噶卜楚同蒙古右翼封建主们决定阿拉坦汗孙云丹嘉措为达赖四世。后来，希迪图噶卜楚亲自给达赖四世云丹嘉错讲授佛教经典。达赖四世授予他国师、班弟达学位。希迪图噶卜楚就是锡勒图呼土克图一世。他精通蒙古、藏、汉三种语言文字，是一位杰出的佛学家，有不少蒙古文经典是他翻译的。因此，席力图召一名起源于锡勒图呼土克图。即有权坐床之意。由此可知，席力图召一名虽然产生于希迪图噶卜楚替达赖三世坐床以后，但它是在 1585 年达赖三世到呼和浩特时由土默特部僧格汗建立的。

1602 年，达赖四世云丹嘉措入藏后，从西藏又派迈达礼呼土克图到呼和浩特主持蒙古地区喇嘛

教事务。至清初，呼和浩特地区，土默特部僧俗封建主又增建了四座召庙。1606 年，在呼和浩特西二百里噶鲁迪沟西岸大青山南九峰岭下，由阿拉坦汗孙戴青额哲妻玛沁夫人建立起一座召庙。这座庙里的迈达礼佛像是用金银宝石铸造的。建庙工程结束后，请迈达礼呼土克图举行开光典礼。故人们把这座庙称为美岱召。美岱召就是迈达礼召的意译。1606 年，由察哈尔佃齐呼土克图在归化城西北十余里松树林立的高山下建立了乌素图西召。据蒙古文献记载，乌素图西召是由蒙古工程师希呼尔、贝勒二人设计，并由蒙古工人自己修建。

喇嘛洞召的建立人是吹斯噶布佃齐呼土克图一世。他就是明代蒙古史上杰出的宗教活动家博克达察罕喇嘛。清代的察罕佃齐呼土克图、额尔德尼佃齐呼土克图以及建立乌苏图召的察哈尔

佃齐呼土克图等人都是他的徒弟。在土默特部阿拉坦格根汗和索南嘉措达赖喇嘛在蒙古地区传播宗教以前，博克达察罕喇嘛就以毕克齐北山的山洞作为基地，穿梭于大青山、蛮汗山一带座禅修行，传播宗教，并建立了喇嘛洞旧庙。因此，喇嘛洞召的政治、宗教地位虽然比阿拉坦汗建立的大召和索南嘉措达赖喇嘛座床的席力图召低，但它的年代却比它们早。

小召在席力图召东，是1623年由阿拉坦汗孙俄木布洪台吉建立的。小召一名，显然是和大召相对而产生的。因为，蒙古右翼土默特阿拉坦格根汗死后，虽然由僧格都楞汗继承蒙古右翼大汗位，但不久，鄂尔多斯部博硕克图济农便脱离了土默特大汗的领导，宣布自己为济农汗。僧格都楞汗死后，土默特大汗的势力一落千丈。在汉文文献中，将僧格汗以后的土默特汗俄木布洪台吉等人称为小王子。人们将小王子俄木布洪台吉建立的召庙称为小召，将蒙古右翼土默特大汗阿拉坦汗建立的召庙叫作大召。这样不仅仍然符合原来的大召一名，而且给它增加了新的含意。

明代呼和浩特六大寺院是：大召、席力图召、美岱召、乌素图西召、喇嘛洞召和小召。呼和浩特六大寺院的建立，使呼和浩特从明代开始，成为金碧辉煌的美丽城镇。当时的呼和浩特不仅成了蒙古、藏、汉各族以及蒙古各部之间经济、文化交流的中心，而且也成了黄教传入蒙古地区的基地。大批藏、汉佛教经典在呼和浩特被译成蒙古文，出现了阿玉希国师、锡勒图国师那样著名的蒙古族历史、语言学家。也出现了希呼尔、贝勒那样杰出的工程、艺术人才。蒙古左翼察哈尔部、喀尔喀部，甚至天山以北的卫拉特蒙古都纷纷派人到呼和浩特请佛取经，学习建庙艺术。例如，1586 年，喀尔喀部封建主在鄂尔坤河左岸建立的漠北第一座黄教寺院额尔德尼召，是完全按呼和浩特大召的形式修建的。到了明末清初，呼和浩特被称为召城。

1640 年，皇太极向呼和浩特土默特部封建领主古鲁格楚呼尔发出诏令，要他从土默特左右两翼分别派出章京拉不台和宝音图，同召庙德木齐一起对大召进行扩建，并亲自向大召赐满、蒙古、汉三种文字的匾额，汉文作“无量寺”。同时命工部造“皇帝万寿无疆”金牌，交给大召供俸。

16 七大召八小召的由来

到清代中期，除了喀尔喀蒙古境内托里布拉克的仁佑寺以外，人们将呼和浩特的明代六座召庙、清代顺治年间的三座召庙、康熙年间的四座召庙、乾隆年间的一座召庙合起来称为呼和浩特十四大寺院。1819 年，巧尔齐召从锡勒图召独立以后，呼和浩特有十五大寺院。

1652 年，应清朝政府的邀请，罗桑嘉措达赖五世从西藏进北京时，途中特意路过呼和浩特大召、席力图召烧香讲法。从此，在呼和浩特地区出现了清代第一次建庙高潮，仅仅五年时间增建

了三大寺院。1655 年，在呼和浩特东北六十里原内齐托因一世坐禅的黄帽洞附近，由额尔德尼佃齐呼土克图修建崇禧寺。人们将这座寺庙一般称为东喇嘛洞召，以别于过去博克达察罕喇嘛修行的西喇嘛洞召。1661 年，在归化城西二里扎达盖河西岸，由希尔巴喇嘛修建崇寿寺。希尔巴喇嘛曾经以清朝首席代表的身份到西藏邀请罗桑嘉措达赖五世进北京。后来，由于希尔巴喇嘛的徒弟朋斯克扩建这座寺庙，又称朋斯克召。顺治年间，呼和浩特地区修建的三座寺庙，使蒙藏地区的僧俗封建主进一步了解到清朝对黄教采取的是鼓励政策。对改善与喀尔喀蒙古、卫拉特蒙古和西藏的关系，起了很大的作用。

1669 年，由鄂木布扎木萨呼毕勒罕在归化城西南二里地方修建了乃穆齐召。1696 年和 1697 年征讨噶尔丹时，康熙两次来呼和浩特将亲服铠甲留给小召，并任命小召内齐托音呼土克图二世为呼和浩特掌印札萨克达喇嘛。

接着，向呼和浩特各大寺院陆续赐名。1722 年，又建立了土默特旗庙宁祺寺。康熙年间在呼和浩特除建立班第达召、乃穆齐召、拉布齐召、宁祺寺等四大寺院之外，又建立了乌素图东召、察罕哈达召、绰尔济召、吉特库召、里素召等五座属召。

除此之外，雍正、乾隆年间，在呼和特掌印札萨克达喇嘛管辖下，又增建了锡拉木伦召、五塔寺、昔荟寺、法喜寺、登奴素山召等五座属庙。其中小召的属庙登奴素山召的具体建庙年代目前还不清楚。这是清代呼和浩特地区的第三次或最后一次的建庙高潮。

到清代中期，除了喀尔喀蒙古境内托里布拉克的仁佑寺以外，人们将呼和浩特的明代六座召庙、清代顺治年间的三座召庙、康熙年间的四座召庙、乾隆年间的一座召庙合起来称为呼和

浩特十四大寺院。1819 年，巧尔齐召从锡勒图召独立以后，呼和浩特有十五大寺院。如果在呼和浩特十五大寺院上加它们各自的九座属庙和托里布拉克站的仁佑寺，属呼和浩特掌印札萨克达喇嘛管辖的有二十五座召庙。按清代规定，呼和浩特十五大寺院各设札萨克喇嘛一人或达喇嘛一至二人，九座属庙和托里布拉克的仁佑寺各设达喇嘛一人。设札萨克喇嘛的大召、锡勒图召、小召、朋斯克召、拉布齐召、班第达召、乃穆齐召并称为七大召，色达喇嘛的东喇嘛洞召、西喇嘛洞召、乌素图西召、美岱召、太平召、慈寿寺、广福寺、巧尔齐召等叫作八小召。据史料载：当时呼和浩特掌印札萨克达喇嘛所管辖的二十五座庙，共有喇嘛二千一百五十一人。

17

不设活佛的帝庙——大召

人说大召有三绝：银佛、龙雕和壁画。穿过大殿的侧廊进入后殿，正中就供奉着释迦牟尼的银铸佛像，当年曾由三世达赖开光，用一吨半银铸就。在三世佛中，释迦牟尼为今世佛，在大召，把释迦牟尼铸为银佛，体现了对佛教修炼今生的敬重。

大召：位于呼和浩特市旧城城区，蒙古语称“伊克召”，意为“大庙”。汉名“无量寺”。

走近大召，令人刮目相看的也许不是大召的建筑规模和珍藏

的佛教文物，而是隐藏在它背后凝重的历史。“先有大召，后有归化城”，大召的历史甚至比呼和浩特的历史还要早上几年。

大召当年建造之时就塑有一尊高2.5米的纯银佛像，故又称“银佛寺”。它是由明代蒙古土默特部落首领阿拉坦汗在呼和浩特筑城时主持修建的，是呼和浩特最早兴建的喇嘛教寺院，也是蒙古少有的不设活佛的寺院。这是因为当年康熙皇帝在平定噶尔丹叛乱之后路经此地在此小住，为了表示对当朝皇帝的尊敬，僧侣们取消了活佛转世的规定。也就是在那时，大召的主佛殿加供了皇帝万岁金牌，并将殿顶改换成黄色琉璃瓦，大召遂成“帝庙”。

迈进大召泡钉包铜的门槛，时浓时淡的藏香气息，伴着时断时续的诵经声，仿佛把人带到了另一个时空。就感觉眼前这座地处现代都市中的藏传佛寺，历经四百

年的沧桑岁月，如今仍停留在那过往的时空里。虽然寺外早已改换了天地，但寺内经声依旧、香火不绝。与寺外喧嚣的都市红尘不同，这寺内的石碑、红墙、经桶和佛堂，到处在彰显着一种佛地神圣的气韵和净土肃穆的清幽。

大召的正殿是寺内的主要建筑，殿内挂满了红绸、黄绸和白绸围缚而成的幡幔，在两行矮塌的尽头就是康熙当年曾坐过的高大龙椅，用明黄色绸缎铺苫着。当年平定噶尔丹叛乱之后，康熙踌躇满志，就是在这里接受着臣民们的朝拜。在龙椅的左侧就是康熙当年出征乌兰布统时所用的龙凤伞，虽然颜色几乎褪尽，但还能从其粗疏的轮廓中感受到它曾经的华美，彰显着当年康熙督师亲征、气吞山河的风采。

人说大召有三绝：银佛、龙雕和壁画。穿过大殿的侧廊进入

后殿，正中就供奉着释迦牟尼的银铸佛像，当年曾由三世达赖开光，用一吨半银铸就。在三世佛中，释迦牟尼为今世佛，在大召，把释迦牟尼铸为银佛，体现了对佛教修炼今生的敬重。龙雕就蟠在释迦牟尼像前高大的红柱上，用黄泥纸浆塑成，呈双龙戏珠格局。双龙自地面冲天而起，颇有神韵，历经数百年的时光侵蚀，如今仍栩栩如生色彩艳丽。而大殿的墙壁上就是当时绘制的佛教典故壁画，它的颜料是从自然中提出的植物矿物颜料。据说，这三绝都是与大召与呼和浩特城同龄的历史遗物，历经四百载的光阴，与寺外的这座城市一路走至了今天。

大召的建筑为藏汉结合式，总面积约三万平方米。分东、中、西三路，中间一路为主体建筑，山门位于南边，上悬“九边第一泉”匾额。相传康熙皇帝路经此地，人马皆渴，他的马突然奋蹄刨地，

蹄落处涌出一股清泉，因井水甘甜清冽，有如玉液琼浆，故称其为“玉泉井”。其后，由山西文人王用桢题写了“九边第一泉”词，制成横匾悬挂于大召的山门之上。

大殿为木结构，与银佛均为明朝遗物。大殿内耸立着三尊高大的佛菩萨铸像，殿壁上有描写康熙私访明月楼的巨幅绘画。后面是达赖四世、土默特部蒙古人云丹嘉措和达赖五世的塑像，明清两佛像，木雕两佛像，木雕二龙戏珠，一〇八部《甘珠尔经》，以及铜铸镀金的各种法器、药器，等等。经堂门前阶下，有明天启七年（1627 年）铸造的一对空心铁狮，昂首扬威，工艺水平高超。庭院中有一只清朝铸造的铁香炉，上刻蒙古工匠的姓名。

大召一年当中会举行两次盛大的佛事活动：其一为晾大佛，即每年的农历正月十五和六月十五，大召都要将寺内珍藏的一幅

长2丈、宽1.5丈的迈达里佛（未来佛）像，抬出来挂在佛殿前展晾。晾佛时，要在佛像前举行法会，众僧诵经祈祷，演奏法乐。与会信徒向大佛顶礼膜拜、敬献哈达、布施钱物等。晾佛既能让民间百姓瞻仰佛容，沐浴佛恩，以达到弘扬佛教的目的，又能使佛画经过风吹日晒，防止虫蛀，起到保护作用；其二为跳恰木：简称“跳恰”，即“跳神舞”。是大召的一项佛事活动，有打鬼驱邪、庆贺丰收和预祝来年吉祥好意等多层含意。即每年的农历正月和六月，大召都举行两次大型的跳恰活动。跳恰时，舞蹈人员要穿上特定的服装，戴上面具，扮成各种神灵模样，在喇嘛教特有的大号、海螺、大镲、人腿骨号等乐器的伴奏下起舞，跳恰木的场面庄严而热烈。舞蹈神幻迷离，令人莫测。

另外，大召还要在每年的农历正月和六月举行两次“送巴令”

活动。“巴令”，是一种用油面捏成的三棱状身躯，头顶骷髅的魔鬼形象。送巴令即送鬼之意。是藏传佛教特有的一项佛事活动。送巴令时，要先诵经祈祷，之后由两人将巴令从佛殿抬到广场上，再进行打鬼形式的跳恰活动。跳恰完成后，将巴令抬出山门外，用火焚烧后，活动结束。送巴令喻义是将一年之中的晦气和灾病等送走。整个活动，场面热闹，观看者云集如潮。

主持修建大召的阿拉坦汗，是蒙古民族历史上著名的“中兴英主”，阿拉坦汗一生指挥过 45 次大战役，屡战屡胜，战功赫赫。阿拉坦汗不仅仅是一位马上英雄，在率领部族走向强盛的道路上也很有一套。他致力于开发土默川，推行半农半牧定居式生活方式，结好周边民族、停止战争、通关互市，加速发展土默川农牧业和工商业，其博大的政治胸襟和丰硕的历史功绩至今令人仰慕

不已。阿拉坦汗倡导废弃萨满教，引进喇嘛教，亲迎三世达赖进入土默川蒙古部落传教，修建了当地第一座喇嘛教寺庙——大召，因此大召实际上是当时土默特部落中萨满教衰退和喇嘛教兴起的标志；甚至在藏传佛教中至高无上神圣无比的达赖喇嘛这一称谓，都是阿拉坦汗首创。所有这些政治的、经济的、军事的、社会的、文化的、宗教的等等重大举措和创新，其深远影响并不仅仅局限于土默川蒙古民族部落，甚至远及广大西北少数民族地区，乃至中原王朝；并不仅仅局限于当时，甚至影响到历史，影响到现在。

18

活佛坐床的席力图召

1698年，因席力图召四世参与康熙御驾亲征噶尔丹的战事有功，康熙皇帝“凯旋驻跸于此，予以极大赞赏，并恩赐锡力图呼图克图以念珠、经卷和佛像。

席力图召位于呼和浩特市中心，是呼和浩特市规模最大的寺庙。是市区内仅次于大召的寺庙，始建于明万历年间，距今已有近400年的历史。

“席力图”是藏语“首席”或“法座”的意思，三世达赖索南嘉措受阿拉坦汗之子僧格都楞的邀请来呼和浩特传教，在其传教期间，西藏方面派高僧希迪图噶卜楚专程来看望他。1588年，三世达赖圆寂，死前他留下遗嘱，命令希迪图噶卜楚替他坐床传教，并指示在办完遗体事宜后，到东方寻找他的转世。希迪图噶卜楚遵从他的旨令，在席力图召坐床，并负责蒙古右翼地区的佛教事务。

1589 年，希迪图噶卜楚同右翼蒙古封建主领商量，选取阿拉坦汗之曾孙云丹嘉措做了四世达赖，希迪图噶卜楚亲自给四世达赖讲授佛教经典，一直把四世达赖教养成人。1602 年，由希迪图噶卜楚护送四世达赖到西藏举行坐床典礼。传说在典礼仪式上，希迪图噶卜楚曾坐在达赖喇嘛的法座上，法座的藏语名称“席力图”，他被称为“席力图呼图克图”。

1602 年，希迪图噶卜楚护送达赖四世到西藏坐床，返回呼和浩特后扩建席力图召，始改为汉藏混合建筑形式，奠定了今日形制的基础。1688 年，清人钱良择《出塞纪略》的席力图召已是“金碧夺目，广厦七楹”，成了一座七七四十九间的召庙了。

返回呼和浩特以后，希迪图噶卜楚便将他主持的寺庙改名为“席力图召”。希迪图噶卜楚就是“席力图呼图克图一世”。为

了报答希迪图噶卜楚的执教之恩，四世达赖曾授予他“乌汝勒克·班弟达固巧尔气”的称号。也有资料认为，席力图召的名字就是来自他的这个封号（即有权坐床之意）。席力图呼图克图一世希迪图·噶卜楚熟悉蒙古、藏、汉三种语言，精通佛教典籍，曾将藏文《般若经》译成蒙古文。1638 年，席力图召一世圆寂。此后的历代席力图召活佛的转世灵童分别寻认自西藏、青海、内蒙古等地，他们自幼习经学文，受到良好的教育，精通藏文、蒙古文、汉文，知识渊博，佛道精深，有的精通医术，博学多能，功德甚高。

1698 年，因席力图召四世参与康熙御驾亲征噶尔丹的战事有功，康熙皇帝“凯旋驻跸于此，予以极大赞赏，并恩赐锡力图呼图克图以念珠、经卷和佛像。锡力图呼图克图呈请竖建石碑，永

垂青史。恩准”。现在用满、藏、蒙古、汉四体文字所刻纪功碑两座，仍完好保存御碑亭内。

1708 年，康熙帝授封席力图召四世活佛为呼和浩特“掌印札萨克达喇嘛”有权直接上奏皇帝。自此以后的 200 多年里，席力图召一直受到清朝廷的重视，“掌印札萨克达喇嘛”相继赐封给席力图召的几代活佛，呼和浩特地区喇嘛教的最高权力也就一直掌握在席力图召活佛手中。成为清朝廷倚重的呼和浩特地区佛教权力中心。

经过清康熙、雍正、乾隆、咸丰、光绪五朝的扩建修葺，席力图召“殿宇宏丽，法相庄严，悬设宝幡”，拥有大量土地、牲畜和房产，财力雄厚，

喇嘛过千，香客如云，又新建了普会寺、广寿寺、延喜寺三座属庙，内部增设了学习研究宗教的组织：却伊拉学部（哲学部）和卓德巴学部（密宗学部）。席力图召已成为呼和浩特地区规模宏大、独具风格的召庙，至六世活佛以后达到鼎盛。成为独具建筑风格的藏汉结合的黄教古寺。

现今的席力图召占地面积为 13160 平方米，其建筑面积约 5000 平方米。整个召庙坐北朝南，山门前有过街牌楼一座，为三间四柱七楼式，楼顶皆铺绿色琉璃瓦，飞檐斗拱。山门前雄踞石狮子一对。山门面阔三间，为歇山顶式建筑。两旁开二门，为砖砌仿木结构垂花门。门上雕工精致，刻有梵文图案。

入山门的第一进院，两侧有钟鼓楼和厢房，院内显得疏朗宽阔，院北端正中是面阔五间的菩提过殿，为歇山顶，殿前有旗杆一对，矗立于方形柱础上。过殿檐前有廊，外有露明柱，两侧各开翠花门。

召庙大殿采用藏式结构，四壁用彩色琉璃砖包镶，殿前的铜铸鎏金宝瓶、法轮、飞龙、祥鹿与朱门彩绘相辉映，金碧辉煌，富有强烈的艺术效果。康熙御制“平定噶尔丹纪功碑”立于大殿前列。

席力图召的经堂建在一座九级台阶的砖砌高台上，面阔七间，前为藏式平顶，后连歇山顶。平顶中间置一鎏金相轮于白石基座上，其两侧各立“角端”，俗称“独角兽”。歇山顶殿梢上，中有鎏金

宝顶，两端为巨型鸱尾，表面雕以云龙图案。整个殿顶铺绿色琉璃瓦，四周为藏式围墙，墙外镶以蓝色琉璃砖，上部为两层横向饰带。其中的白色珠状连线及棕色装饰，配以殿顶的黄绿两色琉璃以及鎏金装置，使得经堂显得庄严肃穆，富丽堂皇，十分气派。

经堂前东侧院内的白塔，据记载是席力图九世所建。由于席力图七世、八世早夭，故特建此塔以供长寿佛。塔为覆钵式喇嘛塔，是内蒙古地区现存最完好的一座。它全用汉白玉雕砌而成，通高十五米，整个塔建在一个砖砌方台上，其下为束腰座，座基全用白石条砌成。束腰部四面正中刻有火焰，旁列二立狮，前爪撑起莲花座顶部，四角立盘龙石柱。束腰座上为阶梯式塔座，分五级内收。最下一级刻图案花纹，上面四级刻梵文六字真言。塔身周围饰以璎珞，南面正中火焰形佛龙塔，刻有十三相轮，覆以宝盖，

上置铜制星月，整个白塔的纹饰都用五彩，色调对比十分鲜明，加之雕工精细，构筑小巧，不愧为白塔中之佳作。

这座佛塔的造型非常有意思，据说有一年，当时还叫绥远的呼和浩特有瘟疫，死者无数，有高僧祈福，修建了这座佛塔，并加上了象征长寿的耳朵，据说这座佛塔是全国唯一的有耳朵的佛塔。

席力图召规模宏大，建筑瑰丽，这里的每一处建筑都精美绝伦，一草一木都有着静谧的气质。特别是大经堂的构筑，采用了藏式平顶和汉式歇山顶的巧妙结合，形成了一种汉藏合壁的建筑艺术，集喇嘛教寺院之大成。从而，被认为是喇嘛教寺院建筑的典型范例，在中国古代建筑史上具有特殊的地位。

19

佛刻经典的五塔寺

五塔寺，不仅是我国古代建筑艺术的杰作，更是一件精美的雕刻艺术品，1961年，我国著名建筑学家梁思成和著名作家叶圣陶、吴祖缃来此参观，曾盛赞五塔建筑艺术之精美。

五塔寺位于呼和浩特市玉泉区的五塔寺后街，在蒙古语里称为“塔本·索布日嘎召”。

1727年，小召喇嘛阳察尔济任归化城副札萨克喇嘛时，在他担任年班札萨克喇嘛（掌管行政权的喇嘛）向朝廷汇报情况之机，

呈请皇室，修建小召属院，并于1732年建成，清廷赐名为“慈灯寺”。

慈灯寺当时香火鼎盛，一派繁荣。它原有三重殿院，每重院子都有佛殿，并有配殿和厢房、耳房等，占地约5000平方米。每年除夕，归化城内外各召庙选派喇嘛集中在慈灯寺门前的广场上，身着盛装，头戴面具，在大号、锣鼓及笙管铙钹等乐器的伴奏下，举行跳“恰木”活动，以禳灾祈福、庆祝丰收，预祝来年风调雨顺。在正月十五元宵节之夜，慈灯寺还要在五塔和玲珑短墙上每隔咫尺就点亮铁铸莲花灯，灯火辉煌、壮丽秀美。

慈灯寺也被俗称为“五塔寺”。乾隆年间，慈灯寺根据佛教经典《金刚经》教义设计了金刚座舍利宝塔，因塔座顶上有5座小塔，民间俗称五塔，据传，在慈灯寺建成后，清廷要在慈灯寺东北方向修建绥远城，俗称新城，作为清廷北部边疆重要的驻防城市。慈灯寺认为此举会破坏召庙风水，但因不便反抗朝廷旨意，便提请朝廷在寺内建立一个对新城的镇物——五塔，以趋吉避凶。当时的乾隆皇帝出于政教统一、笼络民心的目的，便同意了修建五塔，这便是五塔的由来。

1886 年，阳察尔济三世圆寂，慈灯寺没有了活佛，喇嘛回到小召。从此寺院衰落，佛殿也逐渐损毁。据当时到过呼和浩特的旅行家记载："此寺现已全废，喇嘛无一人，各所均极颓败"。唯有慈灯寺重要建筑物——五塔凌云挺秀，依然屹立于世间。寺院在"文化大革命"前后曾一度改造为五塔寺小学，佛教殿堂荡然无存。2000 年之后，政府对于呼和浩特市玉泉区五塔寺一、二期考古发掘复原工程先后正式启动，五塔寺全景于 2007 年 6 月恢复原貌，以金刚座舍利宝塔为主轴的五塔寺建筑景观又完整地呈现在游人和香客面前。

五塔塔身是用白石和青砖建成的，塔体通高 16.5 米。整个塔可以分为塔基、塔座和塔身三个部分。塔基长 15.3 米、宽 12.8 米，用青砖砌筑，白石镶边。在正门处有五级台阶。塔基高虽然不足 1 米，但占地较宽，给人以厚重扎实的感觉。在塔基上的由各种装饰图案组成的这一层是须弥座。须弥座的东、西、北三面都有装饰性浮雕。东、西两面的浮雕图案相同，中间是法轮，北面的图案中间是宝瓶，三面的图案有飞马、金刚杵、三牌、宝瓶、金刚杵结，包括佛教的轮、螺、伞、盖、鱼、罐、花、常八宝图案等。

在须弥座和金刚座之间绕塔一圈镶有汉白玉石，上面刻有蒙古、藏文吉祥语。

金刚座共七层，每层都出挑窄檐，装饰绿色琉璃瓦当、滴水。最下一层刻着蒙古文、藏文和梵文三种文字，所刻写的是《金刚

般若波罗蜜经》，也就是《金刚经》。这些刻文字迹工整、笔锋遒劲、技法豪放，堪称书法艺术的珍品。五塔就是根据《金刚经》的教义建造的。

在金刚座的外壁有许许多多佛龛，每个佛龛内是一尊鎏金佛像，佛端坐在莲花座上，两侧是宝瓶柱。在上面五个小塔上也有镶砖雕的佛龛。整个塔身上共有 1630 个佛龛，从第二层到第七层的檐下为各种姿态的鎏金佛像，共计 1119 尊， 每个佛龛里都有一尊玲珑精巧、栩栩如生的小佛像。刻工精巧，玲珑秀丽，这些小佛像根据佛像的手势可以分 5 个为一组，他们的造型比例得当、工艺精细、神态各异，所有的雕绘充满了强烈的宗教色彩和气氛，具有很深的象征性和隐喻性。称得上是古代雕刻艺术的杰作。这些小佛像原来全部是贴金的，是当年本地的乡绅捐资贴金，每家贴两三尊佛像。在风蚀雨淋之下，那些佛像的贴金已经在岁月光阴中流失，只有个别佛像留下可以分辨的贴金痕迹，让那曾有的金碧辉煌，曾有的光彩闪耀在我们的想象中重现。

塔座顶的上面有五座小塔，分别代表金刚界的五位佛祖。五塔的塔上有塔，唯北京真觉寺金刚宝座塔与五塔寺的这座金刚座舍利宝塔的建筑风格最为相近，但呼和浩特市的五塔在密檐塔之上又加了覆钵式塔的造型，可谓匠心独具。这五座塔的造型相同，是方型密檐式塔，用绿琉璃瓦挑窄檐，装饰瓦当、滴水，有黄琉璃塔顶，在它的顶端是一个小喇嘛塔，形成塔上有塔的景观。喇嘛塔上有日月的造型，南面的两座雕有狮子的形象，北面的两座雕有象的形象。中央的塔最高，分七层，四隅的四座塔略低，分为五层。这五个塔的下部分是须弥座，四隅塔的须弥座没有装饰。五个小塔须弥座上面有许多佛龛，每个佛龛的两侧有宝瓶柱，柱的两侧上角和佛像上边，均有用梵文刻写的“南无阿弥陀佛”汉

传佛教通用的六字真言。

在中央塔的须弥座的南面正中镶嵌着一块汉白玉石，上面雕有一双“佛足”，传说是佛祖释迦牟尼留下的“佛迹”，佛教典籍中有“在佛涅槃后，大弟子迦叶来礼佛，佛从金棺现双足”的记载，这里刻上佛足是为了表示五塔寺神圣。在佛足的两侧雕刻有象，北面正中雕刻有法轮，两侧为狮，西面正中雕刻有法轮，两侧为马，东面正中雕刻有法轮，两侧为羽人。四隅的四座塔的第一层的浮雕图案是一佛二菩萨，佛结跏趺坐在莲花座上，菩萨站立。雕刻比例得当，神态自然。

塔后嵌有三副石刻画，分别为“须弥山分布图”“六道轮回图”和蒙古语“天文图”。这幅天文图是用蒙古文标记的。这是我国唯一的一幅用少数民族文字标记的天文图，具有较高的科研价值。

这幅天文图直径近1.5米，是以北极为中心的呈放射状的“盖天图”。这幅天文图采用单线和双线并用的阴刻手法，线条匀称，技艺精湛。在天文图的左侧下方有一个长方形的署名栏，刻有星座图例，并有“钦天监绘制天文图”的字样。这幅天文图是根据清代钦天监绘制的天文图刻成的，是清代国家实测的天文图。图中所绘的夏至圈、冬至圈是在此之前的天文图上所没有过的。这幅天文图充分反映了我国古代天文学具有很高的水平，达到了一个新的发展阶段。

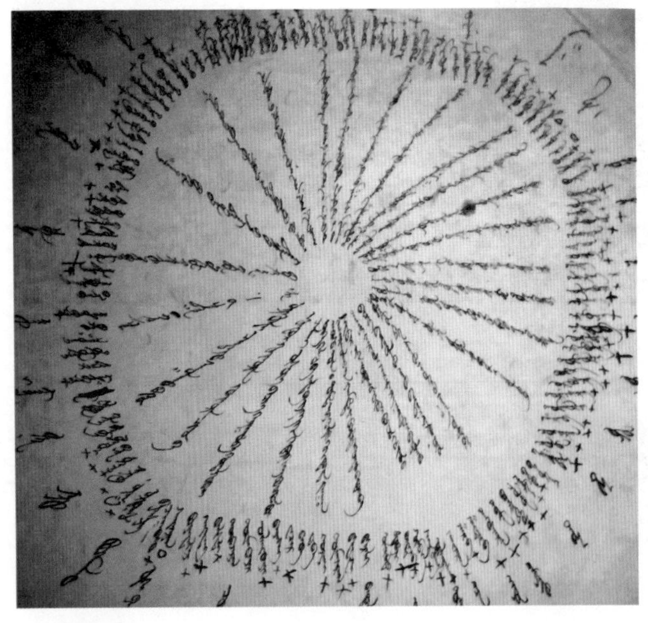

这幅用蒙古文标记的天文图出现在五塔寺内并不是偶然的。蒙古族是游牧民族，天象自然的变化对于他们的生产生活有着重要的影响。观测天象自古以来就是蒙古民族生产实践的组成部分。在长期的实践中，蒙古族掌握了自然界变化的规律，积累了大量的天文学知识。据《蒙古秘史》记载：13 世纪，初蒙古族已采用十二生肖记述年、月、日。在元世祖忽必烈时期，建立“司天台”，即天文测研机构，观测记录了大量的天文变化现象，提出过天旋地转说、月亮光源于太阳说。清代，有相当数量的蒙古族科学家在钦天监任职，为天文事业做出了杰出的贡献。

根据有关史料的研究，学者们认为这幅天文图的绘制不会晚于 1761 年。它是清代著名的蒙古族数学家、天文学家明安图主持绘制的。1744—1752 年，明安图领导钦天监测量了将近三千颗恒星的位置，并整理成《仪象考成》四十二卷，这是一部有着重要科学价值的天算巨著。

五塔寺，不仅是我国古代建筑艺术的杰作，更是一件精美的雕刻艺术品，1961 年，我国著名建筑学家梁思成和著名作家叶圣陶、吴祖缃来此参观，曾盛赞五塔建筑艺术之精美。这座宝塔不仅建筑宏伟壮观，而且塔体的表面以石雕、砖雕的各种图案和佛龛所覆盖，雕饰内容丰富多彩，庄重和谐，雕工技艺精湛，造型神态准确，在我国建筑史上达到了一个崇高的艺术境界，更是我国各族劳动人民勤劳智慧的历史见证。

喇嘛洞

20

喇嘛洞召的大师点化

每逢有信众上山，都会为互生大师带上一些日常的生活用品，抑或是食物、蔬菜之类的“随喜”。有时还会有信众带上随身修持的法器，请大师颂念一段加持的经文加持在自己日常修行的法器上。不过，更多的时候，大家还是将心中的诸多烦恼与疑惑，向互生大师做一番毫无保留的倾诉，希冀大师可以为自己指点迷津……

每个人的一生，都会充满着不断的行走，而每一次在路上行走，都应该是一次寻找自己内心净土的过程，如果你仍然相信，纷繁嘈杂的世界上依然还有这样一个角落，在西喇嘛洞召那间简

陋的小土房子里，面对互生大师平和安详的目光时，你一定会感觉到，净土在此，不再路遥。

喇嘛洞召位于呼和浩特特市西 38 公里，毕克齐镇北 7 公里处的大青山中段山中，寺庙三面环山，南面为宽敞的洞沟。1576 年，博格达察罕喇嘛以这里为中心，广泛传播喇嘛教义，在蒙古群众中影响甚广。后来，他的一世徒弟在洞前修建了“喇嘛洞召”。1658 年，寺庙得到扩建。乾隆时期，皇帝赐名“广化寺”，并赏牒四十道。

广化寺由前后两组寺院组成。后寺建在山腰，凿石为洞，故取名喇嘛洞召，人们也把它叫作银洞。这里建筑了三层楼，其内有全寺最大的坐佛。洞下石级共 124 级，很陡，与黄山“天都峰”“莲花峰”相似。寺院的西北方有安葬着历代活佛骨灰的白塔。

寺内有四重天五殿三间，楼二层，每层七楹；大殿二十五间，供奉诸佛像。殿前悬挂着清廷赐名“广化寺”的匾额，用汉、蒙古、满、藏四种文字镌刻。二殿是欢喜佛佛殿，东西楼供奉着十八罗汉过海像及观音菩萨。还有十殿罗君殿七间，各殿佛像多用黄铜铸就，工艺精巧，造型生动，为其他召寺所少见。

召庙东侧是铜山，西侧为狮子背。山上松柏、白桦茂盛，山峰怪石嶙峋，泉水裂石而出，极为神奇。

每逢有信众上山，都会为互生大师带上一些日常的生活用品，抑或是食物、蔬菜之类的“随喜”。有时还会有信众带上随身修持的法器，请大师颂念一段加持的经文加持在自己日常修行的法器上。不过，更多的时候，大家还是将心中的诸多烦恼与疑惑，向互生大师做一番毫无保留的倾诉，希冀大师可以为自己指点迷津……

从小屋子里走出来的信众们，有的面带微笑，如释重负；有的眉头紧锁，面色凝重。

其实我们生活中的诸多烦恼，说来无非是来自生活中各个层面的不满足。不满足，往往是原本的美好化作悲剧的开始；不满足，也是挫折不断的人挣扎向前的推动力。所谓：“福兮，祸之所倚，祸兮，福之所倚”。佛说：“一念三千”。可这一念究竟该朝哪里去想？可当真是令人伤透了脑筋。

我们的生命，真的刚刚好。好到既不长，也不短，拿它来好好地看看这个世界，刚好够用。而一场向内寻找的旅行，一定会让你遇见那个更好的自己。因为，每一次的出行，能够打动我们的，并不一定是那些各具特色的美丽风景，更不是那些取景器和内存卡里留存下来的风光大片。

能够打动和温暖你心房的，是那些与你一路同行的伙伴，是你在行走过程中伴你左右的，那些你喜欢或不喜欢，认同或不认同，快乐和平凡的伙伴们。正是他们各不相同的人性闪烁，在那个与你人生轨迹偶然交错的瞬间，改变、点化并充盈着你的人生。

21

一座厚重的城寺——美岱召

美岱召是一座城堡、寺庙和邸宅功能兼具的建筑，依山而建，唯一的城门为南门，城墙四角筑有重檐角楼。召内殿宇楼阁，富丽堂皇，雄伟壮观。

美岱召原名灵觉寺，后改寿灵寺，在内蒙古土默特右旗，呼和浩特至包头公路北侧。明隆庆年间，土默特蒙古部主阿拉坦汗受封“顺义王”，在土默川上始建寺庙。1575 年，建成第一座寺院，也是藏传佛教黄教教派传入蒙古的第一座寺院。

迈达里胡图克图于1606年，曾来此传教，所以又叫作“迈达里庙”“迈大力庙”或“美岱召”。寺院周围有土筑石包镶的城墙，平面略呈长方形，四角建有角楼，南墙中部开设城门。院内殿堂供奉佛像，并有顺义王家族世代居住的楼院；太后庙供檀香木塔，内储太后骨灰。寺院兼具城堡、寺庙和邸宅的功能，在内蒙古地区仅此一处。殿内壁画是美岱召的一大特色。现存壁画形象地描绘了明朝时期蒙古政治、宗教发展状况，被誉为壁画博物馆。

蒙古土默特部首领、成吉思汗第十七代孙阿拉坦汗在1571年封为顺义王后，与中原地区和平互市，促进了漠南地区农业和手工业的发展，加上对喇嘛教信仰的热情，在蒙古地区建筑了城池和佛寺。时任明朝大同巡抚的方逢时在《云中处降录》中记载：“全(即赵全，内地到蒙古地区的汉人)为俺答建九楹之殿于方城”。

1558年，蒙古达赉逊汗在位末期，阿拉坦汗脱离明政权，自立“金国”，号“索多汗”，以大板升城作为金国都城，隆庆和议时，阿拉坦汗皈依佛教，1572年，“俺答请工师五采，建寺于大青山”，即建灵觉寺于大板升城内。

美岱召是一座城堡、寺庙和邸宅功能兼具的建筑，依山而建，唯一的城门为南门，城墙四角筑有重檐角楼。召内殿宇楼阁，富丽堂皇，雄伟壮观。经堂和佛堂组成的大雄宝殿是该寺最为宏伟的建筑。纵深43.7米，横宽23.2米，佛堂内20多米高的金柱一贯到顶，柱上用沥粉贴金绘制的五爪盘龙栩栩如生。殿内壁画场面宏大纷繁，造型生动，工艺精美，具有浓厚的蒙古族艺术风格。大雄宝殿之东有太后庙，世传为供奉三娘子骨灰的灵堂。大雄宝殿之西为乃琼庙。方城内北部还有十八罗汉庙、观音殿、琉璃殿、八角庙、万佛殿及达赖庙等建筑。

美岱召的总体平面布局为一不规则的正方形，四周用大块鹅卵石垒砌成高约四米的城墙，正面为城门，上有垛口及一座二层歇山式的城楼。城墙四角有突出的马面堡，上有重檐角楼各一座，总面积约四万平方米。院内主体建筑分布在中轴线上，两侧有附属建筑。因为是先建城后建寺，中轴线上的建筑与城墙的基线并不平行。

进入城门迎面为大雄宝殿，由三座汉式重檐歇山顶建筑组合而成，前部东西南三面围有藏式白墙，墙上沿有梵文六字真言图案装饰。这种将数殿组合而成的建筑称为勾连搭式，西藏的萨迦寺、内蒙古的百灵庙和一些伊斯兰教的清真寺都是此种类型，即扩大了面积，又朴实壮观。

大雄宝殿前殿为大经堂，宽敞明亮，它的外观虽为二重檐式，但内部并不分层，借用上层正面窗户来采光，顶部为天花板，中部为一八角藻井，四壁绘有十八罗汉等壁画，这里是当年喇嘛们念经聚会的场所。

从大经堂进入大佛堂，堂内同样不分层，殿内四壁满绘壁画，从腰线部分一直到天花板，场面宏大，构图丰满，令人仰视方能尽观。北壁正中绘有释迦牟尼巨像，左手持钵，右手施降魔指地印，结跏趺坐于莲座上，左右为迦叶、阿难二弟子。背景绘有释迦牟尼的佛传故事画，如太子游四门、剃发出家、牧女献乳糜、降伏魔女、得道成佛等，造型准确生动，富有情趣。下壁为四大天王及伏虎罗汉、布袋和尚。东壁画有黄教创始人宗喀巴大师成道故事画，下壁是玛哈嘎拉(即大黑天，也叫大日如来，身披象皮、足踏白象者)和降阎魔尊、吉祥天女等多位喇嘛教中的护法神，造型诡怪夸张，线条奔放生动。

引人注目的是西壁下方的一组蒙古族供养人群像，他们均身着明清时的蒙古服饰，手中持念珠等宗教器物，表情谦恭，一心礼佛。北侧一位头戴皮沿帽，身着皮领对襟袍服的老妇人，颜面丰满，体态雍容，端坐在木几上，两旁有二喇嘛侍立，据考证是三娘子老年形象。她右边的一位丰髯蒙古贵族似为第三代顺义王扯力克。紧北端为四位演奏乐器的少女环侍着一位蒙古少妇。壁画上须弥座南部，有一位身着大红比甲，头戴红缨席帽的艳装少妇，与之相对为一位蓄须的红衣喇嘛，据认为应是表现五兰妣吉迎请麦达力活佛的场面。这些壁画上的蒙古服饰很多都可在明朝肖大亨所著的《夷俗记》中找到依据，是研究明清蒙古史及民俗、服饰的宝贵资料。

大雄宝殿之北有一座三层歇山式的楼阁——三佛殿，塑有过

去佛（燃灯佛）、现在佛（释迦牟尼佛）和未来佛（弥勒佛）三尊佛像。因屋顶敷设绿琉璃瓦，人们俗称为琉璃殿。它的底层中部置一门，两梢间为直棂窗，格制古朴。楼内底层画有宁玛派祖师莲花生和格鲁派的宗喀巴及达赖等祖师像。二楼壁画上的绿度母及许多女性化的菩萨像造型准确生动、线条流畅严谨，尤其是身体各部分敷色采用晕染法，将肉体的起伏表现得很充分，画风与召内它处不同，时代应晚于大雄宝殿的壁画。

大雄宝殿之西矗立着一座二层方形藏式小楼，在建筑群中别具一格。它的墙体雪白，屋顶正中装饰有法轮及宝幢，此殿名乃琼庙。乃琼为藏语，最初为西藏的土生宗教苯教的护法神，后被喇嘛教所吸收，在西藏及蒙古的大喇嘛庙中都有乃琼殿。在殿内从事降神问卜的僧人也称乃琼，凡有重大决策都要请乃琼降神以卜凶吉。庙内墙壁上画有金刚索，上缀法轮、伞、海螺、宝幢双鱼、盘长、瓶（罐）、白莲八宝图案。

在琉璃殿西侧有一座八角攒尖的亭子，俗称八角庙、老君庙。从名字看似为祭祀道教始祖老子的，但殿内壁画仍为喇嘛教内容，不知何故所沿称。东南壁下方有两个表演斗力的昆仑奴，背景还有猴子献技等，生动有趣。

大雄宝殿之东有一座二重檐歇山式建筑——太后庙。世传为供奉阿拉坦汗之妻三娘子骨灰的灵堂。它的檐墙为封闭式，无窗，仅在中部置一门。殿内原有一座三米高的覆钵式檀香木塔，上缀珠宝，“文化大革命”中塔被拆毁，在塔座中发现发辫十余根，发现两小箱人骨灰和数把腰刀，以及头饰、靴帽、项链等藏物。

殿内正壁画有三世佛及阿难、迦叶二弟子，西侧为十八罗汉及八大菩萨，四壁上方一周为数十尊宗喀巴化身的小千佛。

在召院东北角有一幢二层硬山式小楼，称达赖庙，左右为厢房，整所建筑装修精致，环境清幽。

美岱召集城池、寺庙（阿拉坦汗家庙）、王族寝宫等为一体，这在古代建筑史上是少有的创举，具有特殊性。美岱召的历史与阿拉坦汗家族有着千丝万缕的联系，曾作为蒙古金国的都城，同时又是喇嘛教传入蒙古时的一个重要弘法中心，它是历史上一段重要时期的实物见证，也是蒙汉人民友好交往的标志，美岱召的建筑从艺术角度讲也是一种多民族审美的创新尝试。美岱召人神同处的格局在宗教史上实属罕见。美岱召供养人壁画将供养人突出并神化，还有许多表现当时现实生活的画面，都具有很高的学术研究价值。它在研究明代蒙古史、佛教史、建筑史、美术史上都有重要的价值。通过研究美岱召的文化历史还可以了解蒙古族旧的婚俗习惯。尤其在宗教方面，从美岱召阿拉坦汗家族到土默特蒙古贵族再到蒙古族人们都笃信佛教，直到广大的蒙古草原上召庙林立，到今天，格鲁派藏传佛教已经成为蒙古族固有的宗教了。可见，美岱召具有里程碑式的意义。

22

小布达拉宫——五当召

五当召与西藏的布达拉宫、青海的塔尔寺和甘肃的拉卜楞寺齐名，素有小布达拉宫之美誉。

五当召因庙前有五当沟而得名，位于包头市固阳县吉忽伦图乡，距包头市区约 70 公里。始建于康熙年间，后又在乾隆、嘉庆、道光、光绪年间进行了多次扩建，是一座政教合一的寺庙，同时也是藏传佛教（密宗）、哲学、医学、天文、

地理等多种学科的研究基地。

五当召有蒙古、藏、汉三个名字。“五当召”是蒙藏混合语名，在蒙古语中，“五当”为“柳树”的意思，可见当年此处柳树繁茂。“召”在藏语中原意为“兄长”“世尊”，引申为供佛的寺庙；五当召另一藏语名为“巴达嘎尔”，意为白莲花，因“鹰衔经冠，奶化白莲”的传说而得名；汉语名为“广觉寺”，1756 年，由乾隆皇帝亲赐。

五当召与西藏的布达拉宫、青海的塔尔寺和甘肃的拉卜楞寺齐名，素有小布达拉宫之美誉。清朝时期，遍布内蒙古大草原近千座藏传佛教寺庙中的住持喇嘛大多是从五当召派去的，或是曾经在五当召学习过，因此，五当召素有蒙古高原藏传佛教“最高学府”之称。五当召建成后一直香火旺盛，信徒云集，鼎盛时喇嘛有 1200 多人，在蒙古地区有很高的声誉。

据说，五当召最初是由鄂尔多斯左翼前旗（即今鄂尔多斯市准格尔旗）的王公所创建，庙址是第一世活佛阿格旺曲日莫选定的。

相传阿格旺曲日莫在西藏学佛深造，离藏时，达赖喇嘛嘱咐他说："务择福地修建庙宇，供奉我佛，普度众生"。来到内蒙古，阿格旺曲日莫便发愿要建一座寺庙。于是，在准格尔旗王公的支持下，他带领两个徒弟遍游阴山南麓，开始了勘察、选址工作。师徒三人登上沙尔沁山峰，极目北望，只见远方紫气缭绕，青烟缥缈。就在这时，一只白翅金雕俯冲而下，抓起阿格旺曲日莫的经冠哈达向北飞去。师徒三人追到一个山脊平台上，没见到金雕的踪影，却看见经冠哈达挂在一棵形如宝盖的柏树上，他们认定这是佛的旨意。这时，忽然听到身边有响动，原来是一位中年蒙古族妇女，左手牵着一头白花牛犊，右手提着一只木桶姗姗而来。

她放下木桶，转身想把牛犊拴在松树上，不料牛犊一脚踢翻了木桶，洒在地上的牛奶顿时变为朵朵白色莲花。就在他们师徒又惊又喜的时候，那个女子和牛犊已经不知去向。阿格旺曲日莫知道，释迦牟尼成佛时“步步生莲”，莲花是佛界的标志；金雕是释迦牟尼佛的护法神；金雕和莲花的出现，已经预示着这里就是寺庙的所在地。于是，他决定在这里建庙，寺庙也因此而得名“巴达嘎尔”。

五当召占地300多亩，有殿堂仓舍2538间，规模十分宏大。主体建筑坐落在两条山沟汇聚的山坡台地上，东西两侧的山麓、平地分布着一些附属建筑和僧舍栋房，两座藏式白塔高高耸立。寺院分布合理，座座殿堂，层层楼阁，随坡而起，错落有致，布局和谐。五当召的所有建筑均为梯形楼式结构，上窄下阔，平顶小窗，屋檐部分有一条土红色边麻装饰，还有金色的法轮、红色的柱廊，色彩对比强烈，光彩夺目。外墙表面有一层厚达数厘米的石灰层，亮白典雅，别具风格。远看殿堂洁白如雪，楼顶金光夺目，十分壮观。这种规模宏大的寺院和独特的结构形式，是内蒙古境内现存藏传佛教寺院中仅有的。

五当召的主体建筑群由六大殿（苏古沁独宫、却依拉独宫、洞阔

尔独宫、当圪希德独宫、阿会独宫、喇弥仁独宫。这里的独宫指经堂、佛殿）、三座活佛府（洞阔尔活佛府、甘珠尔活佛府、章嘉活佛府）和一座安放历代活佛骨灰灵塔的苏波尔盖陵以及94栋喇嘛住宿土楼组成。

主殿苏古沁独宫建于1757年，是五当召最大的殿堂和主要建筑。三层楼的大殿高达22米，一楼前厅是大经堂，后殿是藏经库。经堂内部宏伟壮丽，有81根方柱贯通上下，每根都用织有彩色龙纹的栽绒毯包裹着；殿内顶上悬挂着经幡和帛画；地上排列着数十排座榻，上面铺设着藏式绒毯。

“苏古沁”藏语意为聚会，该独宫因上千喇嘛在此聚会而得名。大殿的正中是释迦牟尼像和30尊菩萨像，个个神态安详。殿堂四周有表现释迦牟尼佛传说故事的彩绘，构图复杂，细腻优美，富含深刻的宗教哲理。画中还有表现草原生活的场景，都是

按照清代早期现实生活内容绘制的，是研究清代少数民族生活和社会文化的珍贵资料。大门两侧墙上绘有四大天王像，分别手持琵琶、宝剑、绢索和宝塔，代表风调雨顺，旁边还有六道轮回图。二楼供奉着释迦牟尼和藏传佛教格鲁派（黄教）创始人宗喀巴的塑像及众佛铜像，东西两侧墙上泥塑须弥山的洞窟中有泥塑的十八罗汉。天井北壁绘有西藏布达拉宫、色拉寺、甘丹寺及五台山著名佛寺的图画。三楼主要陈放国家一级文物——曼陀罗铜城，即祭供、修道的坛场，铜质圆底，上面制成宫殿形，底部做成城墙。铜城铸有宫殿楼阁、须弥山，铸造精美，是清代铸铜工艺的精品。

每年七月二十四日到八月初一，在这里会举行“嘛呢法会”。法会期间，五当召会万众云集，信徒们带着无比的虔诚，千里迢迢从各地赶来参加法会，喇嘛们七天七夜不停地诵《嘛呢经》，主诵“阿嘛呢叭咪吽”六字真言，非常神圣。在殿的正中是活佛的位置，其余依次为住持、喇嘛的席位，等级十分严明。喇嘛在蒙古人心目中地位十分崇高，人们大凡婚嫁、生老病死，都要请喇嘛念经，保佑平安。

立足于五当召最后一座大殿当格希德殿，山下五当沟的景色一览无遗。周遭群峰拱卫、山涧流水潺潺，松生幽谷、云起林间；

风声松涛，丽日蓝天。俯视山坡上的庙宇建筑，六组殿宇群落毫无规则地就势分布于山坡之上，众多的僧舍散建于谷内平地之中。整个总体布局中不见中轴线的格局，也无山门、正殿和厢房的配置，但由于工匠们的高超设计，殿宇建筑错落有致又和谐统一，丝毫不显支离破碎和重复雷同。就感觉这整座山峦就是一座气势浩大的寺庙，在这阴山深处，恍若天神所建。

据统计，五当召内有金、铜、木、泥各种质料的佛像 15000 多尊，高者数丈，小者盈寸。还有成千上万幅壁画和唐卡，精细逼真地再现了人物、风俗、神话、山水、花鸟和佛教故事，艺术价值都很高。召内各殿保存的壁画总面积达 1050 平方米，居内蒙古召庙壁画之冠。在这些精美艺术品的装点下，五当召这座藏品丰富的宗教艺术博物馆，为后人研究蒙古族、藏族的宗教信仰、文化和建筑艺术，提供了丰富而珍贵的资料。

23

梅力更召的辽远梵音

梅力更召位于包头市梅力更山山脚下，四周环境幽雅，召庙整体依地势而建，和周遭环境巧妙地融为一体，让人远远望去就会心生奇想。据说这里是世界上唯一一座用蒙古语诵经的召庙。走进梅力更召，你才发现它所带给你的，不仅仅只是感官上的享受，这里还有历史与文化的积淀。

领略过颇具气势的梅力更大瀑布，欣赏过梅力更沟“远山无默千秋画，近水无弦万古琴，抚琴入画来仙境，振衣绝顶再登临”的秀丽风景之后，漫步在梅力更召，看庭前古树葱郁，左右白塔对称立于庭前，天空湛蓝，当蒙古语诵经的声音从这空旷的山间传出时，听起来让人尤为平和静心。

梅力更召位于包头市梅力更山山脚下，四周环境幽雅，召庙整体依地势而建，和周遭环境巧妙地融为一体，让人远远望去就会心生奇想。

据说这里是世界上唯一一座用蒙古语诵经的召庙。走进梅力更召，你才发现它所带给你的，不仅仅只是感官上的享受，这里还有历史与文化的积淀。高墙之内路阔庭深，张望间，走几步，身体便触到了从四面八方涌来的若重若轻的肃穆气氛，还有一点学生在课堂上的紧张之感。在梅力更召这个展现了如海般深厚的佛学和智慧的召庙里漫步，有一种清净与逍遥的感觉始终陪伴左右。

柔和的阳光，僧侣们从容地走过寺院，看着看着，不由得生出几许豁达。“昌梵寺”（康熙题字）几个大字便在香烟缭绕间悄然浮现。没有别的寺庙如织的游人和袅袅的烟火，却不减庄严与肃穆。告别了市井之声的打扰，让人有恍若隔世般的安宁。历史与现实，宗教与人生，刹那间交织在一起。

相比于世俗生活，僧侣的生活更加简朴、单纯，他们通过侍奉神佛、普度众生，成功地转移了注意力，用更精神化的生存需求和满足方式，替换了一部分需要用物质才能实现的生活。他们抛弃了现代人锦衣玉食的生活，毅然削发为僧，便注定了与梅力更召的一段因果。他们悄然来到这片灵秀的山间，藏存了普度众生的宏愿。他们在这里觉得悠然自得、从容不迫。他们成功地在佛门中，在神与人之间，找到了属于自己的位置，守护着平淡整齐的寺庙。

站在梅力更召那青烟缭绕的山门前，不由得去猜测，是这山的清净为这寺蕴生了灵性，还是这寺为这山平添了几许禅意。其实，山与寺从来都是不可分割的一体，将尘俗之中的你我引荐给清净与灵气。

忽然想起仓央嘉措，同那召庙中传出的辽远梵音，一并翻开了心灵的遐想，散漫的行走，单纯的心情，又一次触到内心深处

的殿堂，还是那样清新如风，还是那样皎洁如月，还是那样繁茂如春……

卷土重来的，是那一生的倾情与眷顾，越吹越薄的风，越飘越淡的烟，怀抱着隐秘的疼痛与忧伤，沉静的时刻，那只斑斓的彩蝶在那远眺的目光里旋舞，轻轻地来去，衣袂飘飘。

浮世红尘的表面，未知的生命旅途，在时光车轮的碾压下，屈曲，延伸。仍是那心灵深处的歌，纤尘不染，那歌声苍凉高亢，悠扬嘹亮，如歌的行板，是否在那秀美的容颜里泛起涟漪，微微荡漾。虔诚的脚步执着地迈进，雪域高原上的吟唱，弥散着明净而纯粹的忧伤，穿越冬日的蛱蝶，在宁静的春日里怀想，你的目光柔和温暖，是否还将引领我泅渡人生的迷茫与岁月

的苍凉？

古陌荒阡，沧桑如斯，岁月或疾或徐雕琢着旷远迷茫的尘世，却不能改变我心灵的纯净与安恬。想念如你温情脉脉的手，轻拂我历经风霜的脸。心的羽翼在缄默中遥遥地守望，你的目光划出舒缓柔和的弧线，若七彩幻变的蝶羽，明亮我悠然跌宕的魂魄。梵音天籁，绝响幽冥，絮语如织，我在意念的交融里，温情而悠远，萦回而纠结……

流光可以带走我的生命，却不能带走我深沉的记忆与悠长的往事。神秘的消逝已不为人知，前行，不断地前行，将是我生命化为另一种生命的形式。心语，心愿，在春日的丰盈里悄然绽放，如馥郁清新的花香，氤氲盘桓，久久不肯逸去，没有彷徨没有怅落，岑寂处满心芳醇，皆是你的清新雅致……

心颤容动，想着念着，一切宛然如初，触手可及，而我甘愿降服在你的明眸里，漫谈轻掠，任你俘获……

我的痴语，你的翩翩，彼此的默契，在四月的春光里，蓬勃生长……

不经意发现世界的一个角落，还是你内心里一直期望的那般清新，久违了的像浮云一样柔软的幸福感，慢慢浮现，直上天庭：

你像一尊古佛
与岁月无争
我左右奔突而来
我上下求索而来
一见你
便觉释然了
如二月的料峭轻寒
有了炉香氤氲

24

涅槃重生的乌审召

乌审召最鼎盛时期喇嘛多达千余人，到1949年时，寺内仍有五六百名喇嘛。当时寺内设有萨尼拉僧经学院、栋克尔拉僧历法院、珠德巴拉僧焚理院三所学术性机构。

1713年的一天，一个叫囊索的喇嘛，从西藏走来，途经乌审旗这片塞外偏远草原。400多年过去了，不知道那个时候的乌审大地，是绿色葱茏，还是漫天黄沙；不知道途经这里的那个喇嘛，那天是为了那美丽的绿色留住了目光，还是为那满眼的苍凉和荒芜，触动了佛家怜悯的心思，于是他留了下来，在这里建起一座叫囊索的小庙。这就是乌审召的前身，这座小庙后来成为清朝鄂尔多斯右翼前旗最大的寺院，统辖全旗各寺庙，是鄂尔多斯四大

著名召庙之一，是佛教思想忠实的根植之地，接受着在草原上世代耕牧的牧民们的朝拜。

据载，乾隆初年，本旗第五任札萨克喇什色楞对该庙进行扩建，建起一座正殿，并从西藏请来一位喇嘛任掌师。1764 年，本旗第六任札萨克沙格尔都扎布奏请达赖七世， 请他派遣在拉萨的喀尔喀部喇嘛罗桑道尔吉为本寺第一代活佛。活佛从西藏来，这同样是一段漫长的路途，想来他是一边传经布道，一边广结善缘。途经青海塔尔寺时，他带回了两尊檀木刻制的释迦牟尼佛像，后来供于庙的主殿内，故有乌审召之称，意为乌审旗之佛寺。后来寺院又派人去北京弘仁寺取来一百〇八卷《甘珠尔经》，从此亦称甘珠尔经庙。

纵观乌审召全貌。正中是巍峨的大经殿，寺庙的主要法事活动都在这里进行。两旁另设有几座小庙宇，设有闻思学院、时轮学院，以及喇嘛住所等。大经殿的后面，有经过修缮的神井八角亭和新建的宗喀巴佛像、如来塔。坐落在寺院最后的，便是著名的扎荣嘎沙尔塔。寺院的四方院墙，雕筑有 100 多座宝塔，因为新修缮而成，塔身上图案色彩鲜艳，线条分明，富有藏传佛教独有的文化特色。从寺外院墙到寺院的内墙，排列着大小不一的转

经轮，总有一些虔诚的朝拜者，走来走去地转动它，这一转，就转出了乌审召几百年的轮回与记忆。

乌审召曾经有过鼎盛时期。经几百年的改扩建和发展，寺院共有殿宇 24 座，活佛住仓 21 间，主塔 3 座，附塔 108 座，另有分布于寺院四周的僧舍数百间。这些建筑群雕梁画栋、飞檐层叠、色彩缤纷，是典型的汉藏式建筑。其色彩只在黄绿之间的乌审草原上，这座寺院巍然矗立，格局迥然，吸引着远近不同的目光。乌审召最鼎盛时期喇嘛多达千余人，到 1949 年，寺内仍有五六百名喇嘛。当时寺内设有萨尼拉僧经学院、栋克尔拉僧历法院、珠德巴拉僧焚理院三所学术性机构。

1934 年，根据九世班禅的旨意，乌审旗末代王爷塔古斯阿木古郎筹建了稀世宝塔——扎荣嘎沙尔塔。扎荣嘎沙尔塔是乌审召庙的标志性建筑。据史料记载，这样的宝塔，全世界仅有三座，另两座分别在泰国和尼泊尔。

乌审召在很长一段时期内，以它庞大的规模、完整的宗教体系，统辖着全旗各寺庙、寺院的法事活动，历经几百年而不歇。至1958年，寺院的法事活动在“破除迷信”的口号声中戛然而止。后来，在“文化大革命”中大部分寺庙建筑被拆，最后只剩两座小殿和一座白塔。盛极一时的乌审召在历史的潮流中衰败下去了。

1983年，乌审召庙恢复了正常的宗教活动，并修复经堂一座。1991年，原伊盟佛教协会成立之后，会址就设在这里，乌审召庙重新显现出浓郁的宗教色彩。2004年，乌审旗启动了乌审召恢复和修缮工程，组织了陕、甘、青等地的古建筑和彩画方面的能工巧匠，修缮了大经殿、闻思学院、时轮学院、324个转经轮、108座宝塔、神井八角亭等，新建了宗喀巴佛像和如来八塔。

乌审召自从拉萨来的喀尔喀部喇嘛罗桑道尔吉成为本寺第一代活佛以来，共传五代，现由第五代活佛拉布坦道尔吉主持，目前仍有100多名喇嘛。寺庙定期举办经会、查穆和传统庙会。庙会期间，召庙周边商贾云集，铺面罗列，农牧民远道而来，朝拜或者赶会，人数往往高达三五万人，这样的宗教盛会，为整个佛

教界所瞩目。举办法事活动时，鄂尔多斯草原上大小召庙都会派喇嘛到会诵经。寺庙前古树参天，绿意葱茏，喇嘛们身穿紫色红袍，头戴月牙高帽，吹起高亢的“布日也”长号。方圆数十里，号声悠悠，更增添了这座古刹的神威。

大多的信徒们每一次在乌审召的停驻，都会有一个心愿，那就是可以拜见活佛，可以亲瞻活佛的尊容。也许是心里存了太多的疑惑，不解的心结，总希望有一个神灵可以用它的手掌轻轻抚过，然后就可以如醍醐灌顶，明了世间不明之事，看透人间不解之情。不过更多的时候，虔诚的信徒们会站在大经殿殿门外的台阶上，听着喇嘛们整齐的诵经声，听着他们吹响着法号，听任这些浑厚的深沉的声音，在自己的胸腔内回旋，在这天地间悠远的梵音声中，荡涤欲望的杂质，会让自己的内心里，多一些清澈，添许多安宁。

参考书目

1. 郭雨桥著：《郭氏蒙古通》，作家出版社 1999 年版。

2. 陈寿朋著：《草原文化的生态魂》，人民出版社 2007 年版。

3. 邓九刚著：《茶叶之路》，内蒙古人民出版社 2000 年版。

4. 杰克 · 威泽弗德（美）：《成吉思汗与今日世界之形成》，重庆出版社 2009 年版。

5. 度阴山：《成吉思汗：意志征服世界》，北京联合出版公司 2015 年出版。

6. 提姆 · 谢韦伦（英）：《寻找成吉思汗》，重庆出版社 2005 年出版。

7. 宝力格编著：《话说草原》，内蒙古大学出版社 2012 年版。

8. 雷纳 · 格鲁塞（法）著，龚钺译：《蒙古帝国史》，商务印书馆 1989 年版。

9. 王国维校注：《蒙鞑备录笺注》，（石印线装本）

10. 余太山编、许全胜注：《黑鞑事略校注》，兰州大学出版社 2014 年版。

11. 朱风、贾敬颜（译）：《蒙古黄金史纲》，内蒙古人民出版社 1985 年版。

12. 额尔登泰、乌云达赉校勘：《蒙古秘史》，内蒙古人民出版社 1980 年版。

13.（清）萨囊彻辰著：《蒙古源流》，道润梯步译校，内蒙古人民出版社 1980 年版。

14. 郝益东著：《草原天道》，中信出版社 2012 年版。

15. 刘建禄著：《草原文史漫笔》，内蒙古人民出版社 2012 年版。

16. 道尔吉、梁一孺、赵永铣编译评注：《蒙古族历代文学作品选》，内蒙古人民出版社 1980 年版。

17. 《蒙古族文学史》：辽宁民族出版社 1994 年版。

18. 王景志著：《中国蒙古族舞蹈艺术论》，内蒙古大学出版社 2009 年版。

19. 郭永明、巴雅尔、赵星、东晴《鄂尔多斯民歌》，内蒙古人民出版社 1979 年版。

20. 那顺德力格尔主编：《北中国情谣》，中国对外翻译出版公司 1997 年版。

后记

经过反复修改、审核、校对，这套《草原民俗风情漫话》即将付梓。在这里，编者向在本套丛书编写过程中，大力支持和友情提供文字资料、精美图片的单位、个人表示感谢：

首先感谢内蒙古人民出版社资料室、内蒙古图书馆提供文字资料；

感谢内蒙古饭店、格日勒阿妈奶茶馆在继《请到草原来》系列之《走遍内蒙古》《吃遍内蒙古》之后再次提供图片；

感谢内蒙古锡林浩特市西乌珠穆沁旗“男儿三艺”博物馆的工作人员提供帮助，让编者单独拍摄；

感谢鄂尔多斯市旅游发展委员会友情提供的2016“鄂尔多斯美”旅游摄影大赛获奖作品中的精美图片；

感谢内蒙古武川县青克尔牧家乐演艺中心王补祥先生，在该演艺中心《一代天骄》剧组演出期间友情提供的“零距离、无限次”的拍摄条件以及吃、住、行等精心安排和热情接待；

特别鸣谢来自呼和浩特市容天艺德舞蹈培训机构的“金牌”舞蹈老师彭媛女士提供的个人影像特写；

感谢西乌珠穆沁旗妇联主席桃日大姐友情提供的图片；

感谢内蒙古奈迪民族服饰有限公司在采风拍摄过程中提供的服装和图片；

感谢神华集团包神铁路有限责任公司汪爱君女士放弃休息时间，驾车引领编者往返于多个采风单位；

感谢袁双进、谢澎、马日平、甄宝强、刘忠谦、王彦琴、梁生荣等各位摄影爱好者及老师，在百忙之中友情提供的大量精心挑选的精美图片以及尚泽青同学的手绘插图。

另外，本套丛书在编写过程中，参阅了大量的文献、书刊以及网络参考资料，各分册丛书中，所有采用的人名、地名及相关的蒙古语汉译名称，在章节和段落中或有译名文字的不同表达，其表述文字均以参考书目及相关资料中的原作为准，不再另行修正或校注说明，若有不足和不当之处，敬请读者批评指正和多加谅解。